はじめに

　前置詞を理解するうえで最も大切なことは、その前置詞の持つ「基本イメージ」をとらえることです。たとえば、「私はバス停にいます」は「I'm at the bus stop.」、「私は部屋にいます」は「I'm in the room.」と前置詞を使い分けます。英語の at は「一点」、in は囲まれた枠の「中」を表すといったような「基本イメージ」が理解できていれば、前置詞を使い分けることはカンタンです。

　本書では、日本語に頼ることなく、前置詞を図やイラストなどのビジュアルで理解していきます。まずは、図で示された前置詞の「基本イメージ」をしっかりとつかみましょう。イメージをつかんだら、その前置詞を使ったさまざまな文を読みながら、使い方を身につけます。また、後半では、使い方を誤りやすい2つの前置詞についても理解を深めることができる内容になっています。

　前置詞を正しく使うには、前置詞の「イメージ」をきちんとつかむことが大切です。さあ、前置詞のイメージのとびらを開けてみましょう。

WIT HOUSE

もくじ

第1章 ビジュアルで理解！　　　11

at	12
in	18
on	24
from	32
to	38
for	43
of	49
by	53
with	58
about	63
after	67
before	71
during	73
along	75
across	78
through	80
around	84
toward	88
behind	90
into	93
out of	97
onto	101
off	103
over	108
under	113

above	118
below	121
beyond	123
against	125
within	127
without	129
between	131
among	134

コラム 21 31 48 62 66 74 77 83 87 89 95 99 107 111 112 116 117 120 136

第2章 使い分けを理解！　　　137

時を表す前置詞 at と on	138
時を表す前置詞 in と on	140
時を表す前置詞 in と after	144
時を表す前置詞 in と within	146
時を表す前置詞 to と through	148
期間を表す前置詞 for と during	150
期限・継続を表す前置詞 by と until	152
起点を表す前置詞 from と since	154
場所を表す前置詞 at と on	156
場所を表す前置詞 at と in	158
場所を表す前置詞 in と on（1）	160
場所を表す前置詞 in と on（2）	162
場所を表す前置詞 by と beside	164
場所（上）を表す前置詞 on と onto	166
場所（上）を表す前置詞 on と over	168
場所（上）を表す前置詞 over と above	170

場所（越えて）を表す前置詞 over と beyond …………………… 172
場所（中）を表す前置詞 in と into …………………… 174
場所（下）を表す前置詞 below と under …………………… 176
場所を表す前置詞 across と through …………………… 178
場所を表す前置詞 on と along …………………… 180
場所（間）を表す前置詞 among と between …………………… 182
場所（～から）を表す前置詞 from と out of …………………… 184
場所・所属を表す前置詞 at と with …………………… 186
順序・場所を表す前置詞 before と in front of …………………… 188
順序・場所を表す前置詞 after と behind …………………… 190
方向を表す前置詞 at と to …………………… 192
方向を表す前置詞 to と for …………………… 194
方向を表す前置詞 to と toward …………………… 196
手段・場所を表す前置詞 by と on …………………… 198
手段を表す前置詞 by と with …………………… 200
受動態で使われる前置詞 by と with …………………… 202
関連（～について）を表す前置詞 about と on …………………… 204
原材料を表す前置詞 from と of …………………… 206

コラム

時を表す at / on / in の使い分け　　142
勤務先を伝える for / at / in の違い　　208

付録　動詞との組み合わせ　209

動詞＋ at	210
動詞＋ in	210
動詞＋ on	211
動詞＋ from	212
動詞＋ to	212
動詞＋ for	213
動詞＋ of	214
動詞＋ by	215
動詞＋ with	215
動詞＋ about	216
動詞＋ after	216
動詞＋ across	217
動詞＋ through	217
動詞＋ around	218
動詞＋ toward	218
動詞＋ into	218
動詞＋ out of	219
動詞＋ off	219
動詞＋ over	220
動詞＋ against	221
動詞＋ without	221
動詞＋ between	221
動詞＋副詞＋前置詞	221
動詞＋名詞＋前置詞	223

本書の使い方

第 1 章 ビジュアルで理解！

それぞれの前置詞の最初に、「基本イメージ」が図で示されています。前置詞の基本的な意味を、まずこのページで押さえましょう。

その前置詞が使われている英文と解説を読みましょう。前のページで理解した「基本イメージの図」を思い出しながら読むことをオススメします。

映画や歌のタイトル、ことわざや有名な人の言葉に使われている「前置詞」を紹介しています。

第2章 使い分けを理解！

第2章では、英語を話したり書いたりするときにどちらを使ったらいいのか迷いやすい2つの前置詞について、正しく使い分けるためのポイントを解説しています。

イラストと日本語の文を読んで、（　）に入れる正しい前置詞を選んでみましょう。

時を表す前置詞
atとon

Q.（　）に入るのは at と on、どっち？

① I'd like a Shinkansen ticket that leaves here （　）10:20 a.m.

ここを午前10時20分に出る新幹線のチケットがほしいのですが。

② I'd like a Shinkansen ticket for Kyoto （　）July 21.

7月21日に京都に行く新幹線のチケットがほしいのですが。

Qの答えを確認し、第1章で押さえた基本イメージの図と照らし合わせながら、解説を読みましょう。

① 時間のある「一点」を指しているから **at**

I'd like a Shinkansen ticket that leaves here at 10:20 a.m.
ここを午前10時20分に出る新幹線のチケットがほしいのですが。

at もonも時を表す前置詞ですが、「10時20分に」「11時に」など、時の流れのある「一点」を指すときには at を使います。時刻のほか、もう少し細かめのある night「夜」、dawn「夜明け」を指すときにも at を使います。

☕ **I often have hot milk at night.**
私はよく夜にホットミルクを飲みます。

その前置詞を使ったその他の例文を紹介しています。

付録 動詞との組み合わせ

前置詞は、基本的な動詞と組み合わせて使われることがよくあります。日常会話で使われる頻度の高い、「動詞と前置詞との組み合わせ」をまとめています。

日常会話で使われる短くてやさしい文を載せてあります。覚えておけば、表現の幅がぐーんと広がります。

第 1 章

ビジュアルで理解！

第 1 章では、数多い前置詞の中から使用頻度が高い
33 個の前置詞を 1 つひとつ取り上げ、その使い方を
説明します。まずは、それぞれの前置詞の最初のペー
ジに示されている「基本イメージの図」で、前置詞の
基本的な意味を押さえましょう。そのあと、基本イメー
ジを頭に思い浮かべながら英文を読み、使い方の理解
を深めましょう。

at

…の基本イメージは「一点」

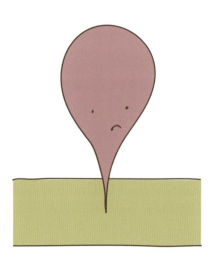

atの基本イメージは、「一点」です。場所や時間、行為を「点」としてとらえるときに使います。

She is at the theater.
彼女は劇場にいます。

● 劇場という「場所の一点」を指すのに at を使います。建物の入り口にいても、座席に座っていても、また、入り口の外にいても、この文を使うことができます。

He woke up at seven.
彼は7時に目を覚ましました。

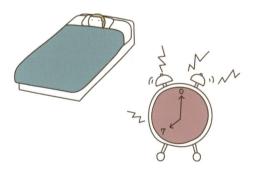

●「7時」という「時のある一点」を指すときにも at を使います。

They set the price of the jacket at 3,000 yen.

彼らは上着の価格を3,000円で設定しました。

● 「3,000円」は、1,000、2,000、3,000…などの「並んだ数値のある一点」を指しているので、at を使います。

She got married at 20.

彼女は20歳で結婚しました。

● 「20歳」という年齢も 19、20、21 歳…と「並んだ数値のある一点」を指していると考えましょう。

ひと目で

It was love at first sight.

ひと目ぼれでした。

- first sight は「ひと目」。ひと目見るという行為を、ある「一点」の行為としてとらえています。

 仕事をして

He is at work in his room.

彼は自分の部屋で仕事をしています。

- ある活動に従事している、というときにもatを使います。work「仕事」という行為を「点」としてとらえています。

地図を

She is looking at a map.

彼女は地図を見ています。

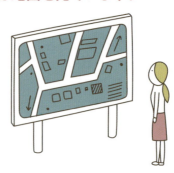

● 目標や方向といった「点をめざして」「めがけて」という意味でもatを使います。

テレビゲームが

He is good at video games.

彼はテレビゲームが得意です。

● このgoodは「得意な」という意味です。テレビゲームという「点」が得意なのでatを使っています。

Ken will place third at best.

ケンは最高でも3位でしょう。

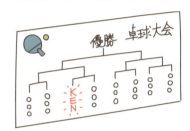

● さまざまに分かれたレベルを「点」としてとらえ、bestは「最高」という「点」を表します。「最高の点で」のことを話しているので、atを使っています。

The dog gave birth to four puppies at a time.

犬は一度に4匹子犬を産みました。

● a timeは「1つの時」という、ある「点」を指しています。「1つの時点に」＝「一度に」というわけです。

in

…の基本イメージは「中」

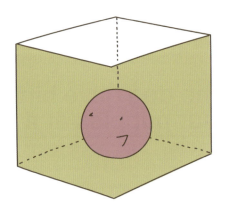

inの基本イメージは、ある枠の「中」です。「枠に取り囲まれた場所の中」のほかに、「空間の中」も表します。

A cute dog is **in** the car.

かわいい犬が車の中にいます。

● 車や建物のような「立体の枠の中」が、inの最も基本となるイメージです。

We have the most rain **in** September.

9月に最も多くの雨が降ります。

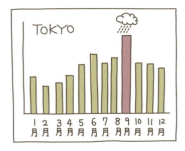

● 9月という「時」の「枠の中」で起こることを示しています。月のほか、午前、午後、季節、年などの「枠」にもinを使います。

The woman in the black dress is Aya.

黒いドレスを着た女性はアヤです。

- inには「〜を着て」という意味もあります。黒いドレスという「枠の中」に体があるというイメージです。

She is reading a feature article in the magazine.

彼女は雑誌の特集記事を読んでいます。

- 1つひとつの記事は、雑誌という全体的な「枠の中」にあるものと考えましょう。

He is in the accounting department.

彼は経理部にいます。

● 立体の枠だけでなく、組織や分野も「枠」としてとらえることができます。

Singin' in the Rain 『雨に唄えば』

1952年公開のミュージカル映画、*Singin' in the Rain*。冒頭で、雨が降る中、ジーン・ケリー演じる主人公が傘もささずに、軽快に楽しそうに歌って踊るシーンが有名です。雨の降っている地域という「枠の中」で歌うので in が使われています。「雨の中で歌えば心がすっきりする、それに黒い雲に笑いかければ…」と歌う歌詞のあとには、The sun's in my heart「太陽が『心という枠の中に』ある」と続きます。

腕の中で **A baby is sleeping in his mother's arms.**

赤ちゃんはお母さんの腕の中で眠っています。

● 腕の「中」にすっぽり包まれた状態なのでinで表します。

恋して **He is in love with her.**

彼は彼女に恋しています。

● 恋の「中」にどっぷりつかっている状態をイメージすると、inが使われている理由がつかめます。

1年で

He mastered Korean in a year.

彼は1年で韓国語をマスターしました。

● in は、「1年間」「1時間」などの「時間の枠」を示して、その中で行われたことを表すときにも使います。

 30分で

She will be back in about 30 minutes.

彼女は30分ほどで戻ります。

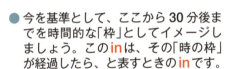
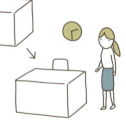

● 今を基準として、ここから30分後までを時間的な「枠」としてイメージしましょう。この in は、その「時の枠」が経過したら、と表すときの in です。

on

…の基本イメージは「上」

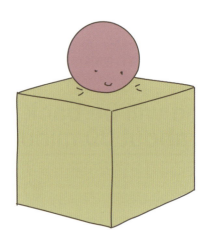

on の基本イメージは、「上に乗っている」。場所の上だけでなく、下でも横でも、何かに「接触」しているというイメージです。

The phone on the table is Yoko's.

テーブルの上の電話はヨウコのです。

- 平面の上に「乗っている」ことを表すのが、onの最も基本的な意味です。

There are fans on the ceiling and on the wall.

天井と壁に扇風機があります。

- onは上の面だけでなく、接してさえいれば下の面でも、横の面でも表すことができます。「接している」ことがonの大切なイメージです。

指に # She has a big ring on her finger.

彼女は指に大きな指輪をつけています。

- 指輪は指に「接している」ので on。身に着けているものも体に接触しているので on で表します。

リストに # His name is on the list.

彼の名前はリストにのっています。

- 名前はリストの紙の「上」に書かれたものなので、on で表します。

People are using their phones on the train.

電車で人々がケータイをいじっています。

- 電車やバス、飛行機などに「乗っている」状態を表すときにはonを使います。乗り物内の床の「上」に足をつけている姿をイメージしましょう。

 # He lives on the Yamanote Line.

彼は山手線の沿線に住んでます。

- onは平面の上だけでなく、「線の上」に接していることを示すときにも使います。

He's going to Hawaii on vacation.

彼は休暇でハワイに行きます。

- 「線の上への接触」を表すことから、onは進路に乗っている、活動しているというイメージも伴います。このonは休暇という流れに「乗っている」というイメージです。

She decided to live on 500 yen a day.

彼女は1日500円で暮らすと決めました。

- 何かの上に「乗っている」というイメージから、onは何かに「基づいて」「支えにして」という意味も表します。

先生に

His thoughts are on his teacher.

彼は先生に思いを寄せています。

- 対象に対して、思いや視線、注意などを「すえる」というときにも on を使います。

息子に

The father is putting pressure on his son.

父親は息子にプレッシャーをかけてます。

- 誰かの上や何かに圧力をかけるというときの on です。重い岩が上に「のしかかる」というイメージです。

Today's lunch is on our boss.

今日のランチは上司のおごりです。

- 重い岩が男性の上にのしかかっている様子をイメージしましょう。ランチの会計が、on our boss「上司にのしかかって」ということで、「おごり」という意味を表します。

He bumped into the woman on purpose.

彼はその女性にわざとぶつかりました。

- purposeは「目的」という意味です。「目的にのって」→「目的に基づいて」から、「わざと」という意味になります。

His son was born on October 23.

彼の息子は10月23日に生まれました。

● onは「時」を表す場合にも使われます。曜日や特定の日に「のって」何かが行われるとイメージしましょう。

Born on the Fourth of July
『7月4日に生まれて』

1989年に公開された、トム・クルーズ主演の戦争映画です。7月4日（アメリカの独立記念日）は主人公が生まれた「日」。独立記念日に生まれ、生粋の軍人として育った主人公が、ベトナム戦争に従軍して戦争のむなしさや愚かさに気づく、というストーリーです。

from

…の基本イメージは

「起点から離れる」

fromの基本イメージは、「起点から離れる、出発する」という動きです。場所や時間における出発点のほか、抽象的な表現にも使います。

He is walking from the station.

彼は駅から歩いています。

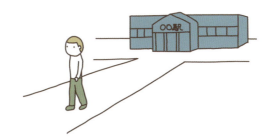

● 駅を「起点」とし、そこから「離れていく」動作を表しています。fromの最も基本的な使い方です。

She'll buy the second bag from the right.

彼女は右から2つ目のバッグを買います。

● 位置を説明するのに使われているfromです。どこから何番目、といった「起点」を示すのに使われています。

第1章 ビジュアルで理解！

She'll go on a diet from tomorrow.

彼女は明日からダイエットをします。

● 今日は甘いものを食べるけれど、明日からはダイエットをする、というときの「明日から」にfromが使われています。fromは「時間的な起点」も表します。

He is from Italy.

彼はイタリアの出身です。

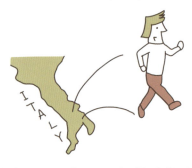

● 出身や出所を表すときのfromです。「起点」となっている場所がどこかを表すfromは、出身地を表すときにも使われます。

ぶどうから

Wine is made from grapes.

ワインはぶどうから作られます。

- 「起点」はぶどうで、その起点を「離れ」、いくつかの過程を経てワインが作られます。食べ物が作られる「出発点」にも from を使います。

 現実から

He wants to escape from reality.

彼は現実から逃れたいと思っています。

- 男性は、「現実」という「起点」を離れたいと願っています。起点を離れて「分離」を表すときにも from を使います。

The item is different from the sample image.

商品がサンプル画像と違います。

● このfromは、「サンプル画像」という「出発点から離れて違っていること」＝「区別」を表すのに使われています。

She can't tell Yuta from his twin brother Kota.

彼女はユウタを双子の弟のコウタと区別できません。

● これも区別を表すfromの例です。女性が双子の男の子を弟と区別できない、と言っています。

He'll be in London from Tuesday to Friday.

彼は火曜日から金曜日までロンドンにいます。

- 出発の日を from で表しています。from と to はしばしば対になって「出発点」と「到達点」を表します。

His report is far from satisfactory.

彼の報告書は満足いくものではありません。

- far は「遠い」。「満足のいく状態」という「起点」から遠いところにある、つまり、満足いくものではない、ということを from を使って表しています。

to

…の基本イメージは「到達点」

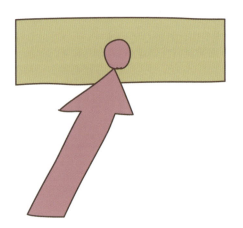

toの基本イメージは、「到達点」です。ある方向へ向かっていき、その先の「到達する点」を表します。

They are going to a new restaurant.

彼らは新しいレストランへ行きます。

● ある方向へ向かっていき、到達する一点を表すのが、toの最も基本的な意味です。

She is giving some candy to the boy.

彼女は男の子に飴をあげています。

● toは対象を表す場合にも使います。何かが「到達する」ところ＝「対象者(物)」を表します。

He got soaked to the skin in the rain.

雨で彼は肌までびしょ濡れになりました。

● 雨が衣服を通じて、肌まで「到達」するほど濡れた状態をイメージしましょう。

They're dancing to salsa music.

彼らはサルサ音楽に合わせて踊っています。

● 動作や物が、音楽や人の好みに一致することを表すときにも to を使います。体の動きを「到達点」である音楽に一致させている、ということです。

It's five minutes to five o'clock.

5時5分前です。

● five minutesは「5分」を表し、「5時という到達点まで（あと）5分」という表現です。

The glass was broken to pieces.

グラスは粉々に壊れました。

● toのあとに状態を表す語句を続けて、どのような状態になったか、という「到達点」を表しています。

His explanation is to the point.

彼の説明は要領を得ています。

● explanationは「説明」、pointは「要点」。説明が要点に「到達」しているということです。

She's attaching a notice to the bulletin board.

彼女は掲示板に通知を貼っています。

● bulletin board「掲示板」が「到達点」。何かを付着させたり結合させたりする「到達点」にもtoを使います。

for

第1章 ビジュアルで理解!

…の基本イメージは

「向かっている」

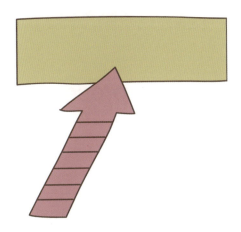

forにはさまざまな意味がありますが、基本イメージは、何かに「向かっている」状態です。単に方向を表すだけでなく、対象や目標へ「向かう」動作を示すこともあります。

The train is leaving Tokyo for Nagoya.

電車は名古屋へ向かって東京を出発します。

● forの最も基本的なイメージは、ある方向に「向かっている」状態です。名古屋のほうへ「向かっていく」とイメージしましょう。

 ## This is a present for your daughter.

これは娘さんへのプレゼントです。

● これも、ある方向へ向かっていくforの例です。「娘さんに向かっている」→「娘さんへの」プレゼントという意味になります。

He goes for a drink with his coworkers.

彼は同僚と飲みに行きます。

- forはある目的に「向かっている」イメージから、ある目的を「求めて」という意味にもつながります。「お酒を求めて出かける」という意味になります。

He needs a room for studying.

彼には勉強用の部屋が必要です。

- ある目的や用途に「向かっている」場合にもforを使います。

賛成して

Are you for Plan A?

あなたはA計画に賛成ですか。

● for は「〜に賛成して」という意味でも使います。ある物事に「向かっている」=「賛成している」というわけです。

セール品への

She has a good eye for bargains.

彼女はセール品への識別力があります。

● eye は「(何かを)見分ける力」という意味。関心の対象であるセール品に「向かって」、良し悪しを見分ける力がある、ということです。

年のわりに

He looks very young for his age.

彼は年のわりに、とても若く見えます。

● 彼と同い年の人々を1つの基準として考え、そこに意識を「向ける」場合に彼はどう見えるかを述べています。

 3時間

The movie lasted for three hours.

その映画は3時間続きました。

●「時間的な範囲」、つまり「期間」を表す場合にもforを使います。

He swims for 1,000 meters every day.

彼は毎日1,000メートル泳ぎます。

● **for**は時間的な範囲のほかに、「距離的な範囲」、つまり「長さ」を表す場合にも使います。

> ### *For Your Eyes Only*
> 『007　ユア・アイズ・オンリー』
>
> 1981年公開の、007シリーズの一作。主題歌の歌詞にもある **for your eyes only** は、「あなたの目だけのために」→「あなただけに見てほしい」という意味です。極秘文書に使われる **eyes only**「極秘（複写・口伝え不可の意）」と、ボンドガールの「自分の姿をあなただけに見てほしい」というジェームズ・ボンドへの誘惑の意をかけたタイトルだと言われています。

of

第1章 ビジュアルで理解!

…の基本イメージは
「くくりをはっきりさせる」

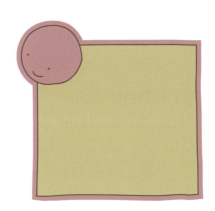

ofにもさまざまな意味がありますが、基本イメージは、「はっきりさせる」という働きです。どのようなカテゴリーに含まれるのか、また、何に関連しているのか、などのくくりを明確にする役割があります。

He is the president of JGL Corporation.

彼は JGL 社の社長です。

- president は「社長」という意味です。どこの会社の社長かを「はっきりさせる」ために、of を使います。

 # Can I have a glass of water?

一杯の水をもらえませんか。

- この文も、「(コップ)一杯」だけではどんな種類の飲み物がほしいのかわからないので、of water で「一杯の水」という意味を「はっきりさせて」います。

旅行についての

He often reads books of travel.

彼はよく旅行についての本を読みます。

- ofを使って、何についての本なのか、ということを「はっきりさせて」います。

口数の少ない

She likes a man of few words.

彼女は口数の少ない男性が好きです。

- 彼女が好きなのはどのような性質の男性なのか、ということを「はっきりさせる」ためにofを使っています。

It's kind of you to carry my luggage.

荷物を運んでくれるとは、あなたは親切です。

- It's kindだけではだれが親切なのかわからないので、ofを使って「あなたは親切だ」と表しています。

 He robbed the shop of some necklaces.

彼は店からネックレスを奪いました。

- robは「(人・店)から奪う」。「of ～」で店から何を奪ったかをはっきりさせています。

by

第1章 ビジュアルで理解！

…の基本イメージは「近く」

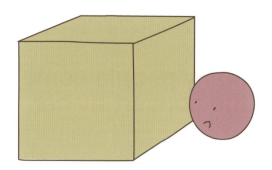

byの基本イメージは、「近く」に存在している状態。話し手から見て、何かがそばにあることを示すときに使います。

She is standing by the cabinet.

彼女は棚のそばに立っています。

● 何かの「そばに」あるのが、byの最も基本的なイメージです。

Many people come to the concert by car.

多くの人は車でコンサートに来ます。

● 手段や方法を表す場合もbyを使います。目的地は遠くに存在しますが、そこに到達するための手段や方法はより「近く」に感じられるため、byを使うと考えましょう。

He sent the e-mail to his boss by mistake.

彼は上司に間違ってメールを送りました。

● このbyも手段や方法を表します。間違ったやり方で、メールを送ったことを示しています。

He must leave his office by 5:00.

彼は5時までに事務所を出なければなりません。

● byは期限を表す場合にも使います。期限を一点としてとらえ、その一点に「近い」時点で動作が完了することを示しています。

The picture was painted by a famous artist.

その絵は有名な芸術家によって描かれました。

- 「〜された」という文では、動作をする人を表す場合に **by** を使います。芸術家と絵の距離がごく「近く」だと考えると **by** が使われる理由がわかります。

 # By the way, have you seen him today?

ところで、今日彼を見かけましたか。

- **by the way**「ところで」は、話題を切り替えるときの表現です。**the way**「(特定の)筋」=「本題」の「近く」に別の話題があるとイメージしましょう。

She does all the housework by herself.

彼女は１人ですべての家事をこなします。

- by herselfは、彼女の「近く」にだれもおらず、その人自身しかいないことを表すので、「１人で」という意味になります。

The plant is growing day by day.

その植物は日ごとに大きくなっています。

- day「１日」という点が間をおかず、「そばに」並んだ状態をイメージしましょう。「１日、さらにそのそばの１日」という形で連続する様子を示しています。

with

…の基本イメージは「伴う」

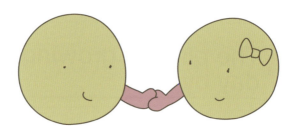

withの基本イメージは、「伴う」です。空間的にも時間的にも、何かと「一緒である」ことを示します。

He goes snowboarding with his friends.

彼は友達とスノーボードをしに行きます。

● withの最も基本的なイメージは、「だれかほかの人を伴う」→「人と(一緒に)」です。

She has a dog with brown eyes.

彼女は茶色い目をした犬を飼っています。

● 「茶色い目を伴った」犬→「茶色い目をした」犬となります。髪や体の一部について「～を持った」と説明する場合にもwithを使います。

よい眺めの

She wants a room with a view.

彼女はよい眺めの部屋を望んでいます。

● with a view は直訳すると「よい眺めを伴って」という意味で、そこから「よい眺めの部屋」という意味になります。

情熱をこめて

The tennis coach speaks with passion.

テニスコーチは情熱をこめて話します。

● passion は「情熱」。「情熱を伴って」→「情熱をこめて、情熱的に」という意味を表します。

箸を使って

He isn't good at eating *soba* with chopsticks.

彼は箸で上手にそばを食べられません。

● **with**は「伴って」という意味から転じて、道具や材料を「使って」という意味を表します。

 窓を開けたまま

He often sleeps with the windows open.

彼はよく、窓を開けたまま寝ます。

● **with**は、後ろに「何」が「どんな状態か」を表す語句を続けて、「(物や人)を〜の状態にして」という意味を表します。

That tie goes with his shirt.

そのネクタイは彼のシャツに合っています。

- go with は直訳すると「〜を伴って行く」。転じて「〜に合う（調和する）」という意味を表します。食べ物と飲み物が「合う」と言う場合にも使います。

Gone with the Wind
『風と共に去りぬ』

1936年に出版された、マーガレット・ミッチェル原作の長編小説のタイトルです。1860年代のアメリカで、南北戦争に翻弄されながらもたくましく生き抜いていく女性の半生を描いています。タイトルの「風」は南北戦争を象徴し、この「風」と共に（with）、白人中心の貴族社会が終わりを迎えたことを表しています。

about

第1章 ビジュアルで理解！

…の基本イメージは「周辺」

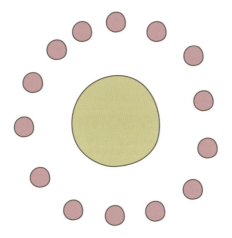

aboutの基本イメージは、何かの「周辺」です。何かの「まわり」にある物やできごとを示す場合に使います。

The room can hold about 20 people.

その部屋は約20人を収容できます。

- 10、15、20…と並んだ数値の 20 という数の「周辺」ということから、「約 20」という意味になります。aboutは、数量について「約〜、およそ〜」を表します。

There's something noble about him.

彼にはどこか高貴なところがあります。

- 彼の「周辺」に高貴なムードが漂っていることを表しています。このように、人や物事について、漠然とした雰囲気を表す場合にはaboutを使います。

They are talking about a trip to the U.S.

彼らはアメリカへの旅について話しています。

● アメリカへの旅行を一点としてとらえ、その「周辺」にある要素を話しているとイメージしましょう。

There was an old church about here 50 years ago.

50年前は、この辺りに古い教会がありました。

●「ここ」の「周辺」に教会があったことを示しています。アメリカ英語では、このaboutの代わりにaroundを使うこともあります。

The ship is about to leave.

その船は出発しようとしています。

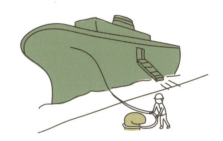

● 「到達点」を表すtoで「出発する」という到達点を示し、aboutで今はその「周辺」にいることを表しています。つまり「まさに出発しようとしている」という意味になります。

> *There's something about Mary*
> 『メリーに首ったけ』

1998年に公開されたラブコメディ映画です。原題を直訳すると、「メリーには何かがある」。キャメロン・ディアス演じるメリーの「周辺」には、何となくいい雰囲気が漂っている、ということを表すためにaboutが使われています。

after

第1章 ビジュアルで理解!

…の基本イメージは
「あとをついていく」

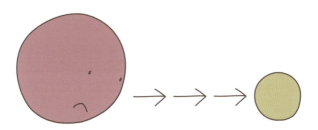

afterの基本イメージは、何かの「あとをついていく」ことです。物事が起こる順序を伝えるときに使います。

He brushes his teeth after breakfast.

彼は朝食後に歯を磨きます。

- afterは出来事や時刻などを続けて、「〜のあとに」という意味で使います。

Please repeat after me.

私のあとについて繰り返してください。

- 先生が言った「あとに」、学生たちが繰り返す、という動作の順序を示しています。

After you.

お先にどうぞ。

- Afterの前にI will goが省略されていると考えましょう。「あなたのあとに(行きます)」→「あなたがお先に(どうぞ)」となります。順番をゆずるときの表現です。

She made the same mistake time after time.

彼女は、同じ間違いを何回も何回もしました。

- timeには「1回」という意味があります。「1回(time)のあとを、また1回がついていく」ということから、time after timeは「何回も何回も」という意味になります。

仕事を探して

He has been after a better-paying job.

彼は、より給料のいい仕事を探しています。

● afterは、「あとをついていく」という意味から転じて、「何かを求める」という意味を表します。名声や幸福を「追い求めて」などと言うときに使います。

結局

She asked her father for the doll but gave up after all.

彼女は父親に人形を頼みましたが結局あきらめました。

● after allのallは「すべてのこと」。after allで「すべてのことをした（＝手を尽くした）あとで結局」という意味になります。

before

第1章 ビジュアルで理解！

…の基本イメージは「前」

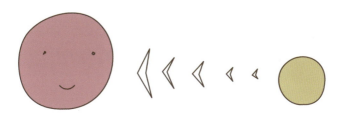

beforeの基本イメージは、時間や順序を表す「前」です。afterと反対の意味を表します。

They buy chocolate before Valentine's Day.

彼女たちはバレンタインデーの前にチョコレートを買います。

● **before**の最も基本的なイメージは、時間的な意味での「〜の前に」です。

The children learn *hiragana* before *katakana*.

子どもたちはカタカナの前にひらがなを学びます。

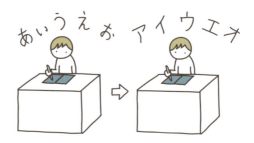

● 順序を表して、「〜の前に」という意味もあります。

during

第1章 ビジュアルで理解!

…の基本イメージは

「ある期間内」

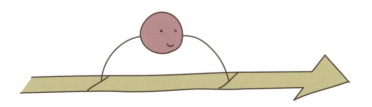

duringの基本イメージは、ある特定の「期間内」です。その期間中に起こったできごとを表す場合に使います。

He'll get a driver's license during his vacation.

彼は休暇中に運転免許を取ります。

- 「休暇」という特定の「期間内」を示しています。during のあとには、季節などを続けることもあります。

マイケル・ジョーダンの during

「バスケットボールの神様」と呼ばれたマイケル・ジョーダンは、次のように言っています。I play to win, whether during practice or a real game. And I will not let anything get in the way of me and my competitive enthusiasm to win. 「練習中だろうが、試合本番中だろうが、私は勝つためにプレーする。そして勝つためには、何者にも、私と誰にも負けない熱意の邪魔をさせはしない」。最初の文で、「練習」「試合」という特定の「期間内」を表すために during が使われています。

along

第1章 ビジュアルで理解！

…の基本イメージは

「沿って進む」

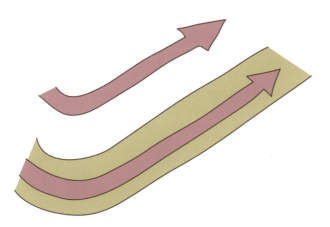

alongの基本イメージは、細長いものに「沿って進む」様子です。道路や川など、線で表せるようなものに沿っている状態を表します。

川に沿って # The woman is walking along the river.

女性は川に沿って歩いています。

- 細長い川に「沿って」進んでいることを表しています。川や通りのほか、壁や廊下に「沿って」いることを表す場合にも **along** を使います。

通りに沿ってずっと # There are many stalls all along the street.

通りに沿ってずっと、多くの屋台があります。

- all along は「〜に沿ってずっと」という意味を表します。stall は「屋台」という意味。

方針に沿って

We'll work on the project along the lines suggested.

ご提案の方針に沿って企画に取り組みます。

● linesは「方針」、suggestedは「提案された」という意味です。「方針」を1本の針のような細長い線状のものとイメージしましょう。

エルビス・プレスリーのalong

ロックンロールの創始者、エルビス・プレスリーが残したひと言です。I was training to be an electrician. I suppose I got wired the wrong way round somewhere along the line.「電気技師になるために訓練していた。どこかで間違って配線されたんだろう」。このlineは「電線」とも「進路」という意味とも取れますが、どちらにせよ、あるべき「線」に「沿って」、という意味でalong the lineが使われています。

across

…の基本イメージは
「平面を横切る」

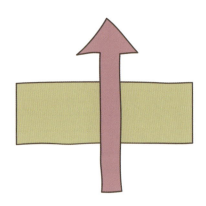

acrossの基本イメージは、「平面を横切る」です。平面上にある場所について、そこを横切るような動きを表します。

川を渡って

He is swimming across the river.

彼は川を泳いで渡っています。

● 川の水面を平面としてとらえ、「川の流れを横切って」→「川を渡って」泳いでいる、とイメージしましょう。

通りの向こう側に

There's a supermarket across the street.

通りの向こう側にスーパーがあります。

●「通り（＝平面）を横切ったところ」、つまり「通りの向こう側」にスーパーがあることを示しています。

through

…の基本イメージは「通り抜ける」

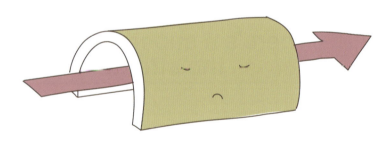

throughの基本イメージは、トンネルのような空間を「通り抜ける」です。そのトンネルは、場所だけでなく時間を象徴することもあります。

森の中を

He is walking through the woods.

彼は森の中を歩いています。

- 立ち並ぶ木々の間を縫いながら、森を「通り抜けている」様子を表しています。空間を「通り抜ける」というのがthroughの最も基本的なイメージです。

12月まで

The coupon can be used November through December.

11月から12月までクーポン券を使えます。

- トンネルの入口が11月、出口が12月（の終わり）と考え、そのトンネルを「通り抜ける」とイメージしましょう。throughには「〜の終わりまで」という意味もあります。

She took care of her child all through the night.

彼女は一晩中、子どもを看病しました。

● 夜という空間の「初めから終わりまで」ずっと看病していたということを表しています。all throughは、時を表して「〜じゅうずっと」という意味になります。

He is halfway through the book.

彼はその本を半分読み終えたところです。

● 一冊の本の初めから終わりまでのうち、中間まで終わったことを示しています。課題や仕事などが「終わる」という意味でもthroughを使います。

He got promoted to manager through hard work.

彼は懸命に働いて部長に昇進しました。

● トンネルが hard work「懸命な仕事ぶり」を象徴していて、そのトンネルを「通り抜けた」ところで部長に昇進した、とイメージしましょう。

A River Runs Through It
『リバー・ランズ・スルー・イット』

1992年公開のこの映画では、素晴らしいフライフィッシングの腕前を持ちながらも、ギャンブルに身を落とす男性をブラッド・ピットが演じています。タイトルの意味は「川はそこを通って流れていく」。途中に岩があったり、深さが変化したりする川を立体的な空間、人生や人の世ととらえ、そうした山あり谷ありの中を川の流れが通り抜けるイメージで through が使われています。人や時代が変わっても川は変わらずに流れる、という意味が込められています。

around

…の基本イメージは
「ぐるっとまわる」

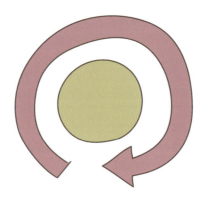

aroundの基本イメージは、何かのまわりを「ぐるっとまわる」です。イメージするのが「一点を中心にぐるっとまわる」か、「ある場所を漠然とぐるっとまわる」かで、表す意味が異なります。

Three boys are sitting around the fire.

３人の少年が火のまわりに座っています。

● 火を「ぐるっと囲んで」座っていることを示します。**around**の最も基本的なイメージは、あるものを中心に周囲を「ぐるっとまわる」です。

 The lights are switched off around midnight.

照明は真夜中ごろに消されます。

● 「真夜中」を中心にして、そのまわりを「ぐるっとまわる」というイメージから、「真夜中ごろ」という意味になります。

第１章 ビジュアルで理解！

She must be around 20 years old.

彼女は20歳くらいに違いありません。

- **around**は、数量や時間がはっきりとわからないとき、あるいは時間や年齢などを断定したくないときに、「～くらい」という意味で使います。

He is showing her around Osaka.

彼は彼女に大阪を案内しています。

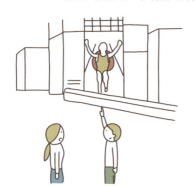

- この**around**は、「漠然とぐるっとまわる」というイメージです。大阪という場所のあちこちを案内することを表しています。

The café is just around the corner.

カフェは角を曲がってすぐのところです。

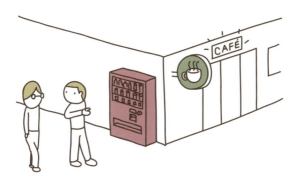

● 角という一地点を中心に「ぐるっと」まわろうとすると、そこにカフェがある、というイメージです。just around the cornerは、「角を曲がってすぐに」という意味です。

時間にも使える around the corner

aroundは強調を表すjustとともに使って、時間について「もうすぐ」という意味を表すことができます。手紙などで季節の挨拶をする際に、Spring is just around the corner.「もうすぐ春ですね」や、The Olympic games are just around the corner.「もうすぐオリンピックですね」などと使えます。

toward

…の基本イメージは「方向」

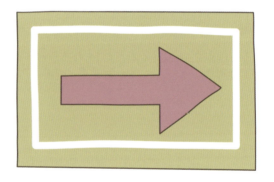

towardの基本イメージは、一定の「方向」です。何かがある「方向へ」進んでいくことを表します。

橋のほうに

The car is going toward the Brooklyn Bridge.

車はブルックリン橋のほうに走っています。

● towardは単なる方向を表すときに使います。この文からは、車の最終目的地がブルックリン橋なのかどうかはわかりません。

ウィンストン・チャーチルのtoward

イギリスの首相を務めたウィンストン・チャーチルは、方向を表すtowardと対照的なawayを効果的に使ってスピーチの難しさをこう伝えています。There are two things that are more difficult than making an after-dinner speech: climbing a wall which is leaning toward you and kissing a girl who is leaning away from you.「テーブルスピーチをするよりも難しいことは2つある。自分のほうへ傾いている壁を登ることと、自分をよけている女の子にキスをすることだ」。

behind

…の基本イメージは「背後」

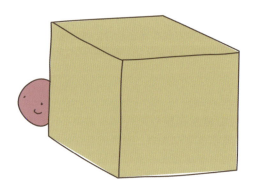

behindの基本イメージは、何かの「後ろ」。場所について表すときに使います。

He is working behind the counter.

彼はカウンターの後ろで働いています。

- 場所を表して、何かの「後ろ」というのが、behindの最も基本的なイメージです。

The Romans are three goals behind The Steels.

ローマンズは、スティールズに3点負けています。

- ローマンズというチームが、スティールズというチームの後ろにいることから、behindには「劣っている、負けている」という意味もあります。

His work is behind schedule.

彼の仕事は予定より遅れています。

- behindは時間的な「後ろ」も表し、予定などに「遅れて」という意味でも使います。

All of her friends are behind her.

友達はみな、彼女を応援しています。

- 人の「後ろ」にいる、という意味から転じて、人を「応援する」という意味でもbehindを使います。

into

第1章 ビジュアルで理解!

…の基本イメージは

「内部に入る」

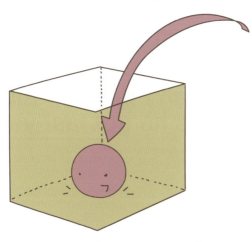

intoの基本イメージは、ある枠の「内部に入る」です。空間の「中」を表す in と、「到達点」を表す to が合体したと考えましょう。

She is going into the shop.

彼女は店に入っていくところです。

- 店という「枠」の「内部に入る」ことを示しています。intoの最も基本的なイメージです。

He can't get into the pants he got last year.

彼は、昨年買ったパンツがはけません。

- get into the pantsは、パンツという「枠」の「中に入る」、つまり「パンツをはく」という意味になります。

ゲームに夢中で

He is into a mobile game.

彼は携帯電話ゲームに夢中です。

● 携帯電話のゲームを「枠」ととらえ、その「中に」どっぷりとつかっている、とイメージしましょう。be into は、物事に「夢中である」様子を表します。

He's Just Not That into You
『そんな彼なら捨てちゃえば？』

2009年公開の、男女9人の恋愛本音トークが繰り広げられるこの映画。登場する女性たちの悩みは、初デートのあと彼から音沙汰がない、同棲7年目を迎えてもまったく彼から結婚の話が出ない等々。原題をそのまま日本語に訳すと「彼はあなたにそれほど夢中でないだけだ」。タイトルに、上で説明をした「枠の中にどっぷりとつかっている」を表す into が使われています。

She's translating English into Japanese.

彼女は英語を日本語に翻訳しています。

● 英語を、日本語という「別の枠の中に入れる」というイメージです。

The car crashed into the wall of a building.

その車は建物の壁にぶつかりました。

● 車が、壁の「内側にめりこんで」いる様子を表します。intoは、「内部に入る」から派生し、「衝突」を表すときにも使います。

out of

…の基本イメージは

「中から外へ」

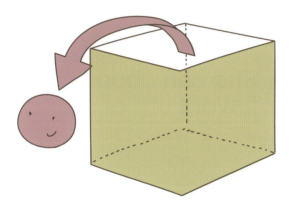

out ofの基本イメージは、空間の「中から外へ」という動きです。ある空間から何かが出てくることや、そろっているものから何かが離れることを表します。

A dog is coming out of its doghouse.

犬が犬小屋から出てきています。

● 箱という空間の「中から外へ」出てくることが、out of の最も基本的なイメージです。

She can choose three flavors out of six.

彼女は6つの味から3つ選べます。

● 6種類の味がそろったショーケースの「中から外へ」3種類を選び出す、とイメージしましょう。数字を使って「(数の)中から」と表すときも out of を使います。

The dolphins went out of sight of the boy.

イルカは少年から見えなくなりました。

● イルカが少年の視界を越えたところへ行ってしまったことを表しています。out of は、「ある範囲を越えた」ことを表すときにも使います。

Out of Sight 『アウト・オブ・サイト』

ジョージ・クルーニー演じる銀行強盗ジャックと、ジェニファー・ロペス演じるFBI捜査官カレン。ジャックは刑務所から脱走するときに居合わせたカレンを誘拐、やがて2人は恋に落ちるものの…。上で説明したout of sightがタイトルになっています。out of sightは「見えないところに」「人目につかない」という意味を表しますが、このほか「とてもすばらしい」という意味もあります。

第1章 ビジュアルで理解！

The elevator is out of order.

エレベーターは故障しています。

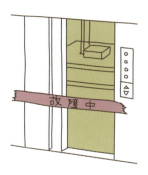

● orderは「正常な状態」。一定の状態「から離れる」ことを表すときも、out ofを使います。

The latest model is out of stock.

最新の機種は在庫切れです。

● 品物の在庫がぎっしりある空間「から離れる」とイメージしましょう。out ofは、そろっていたものが不足していることを表します。

onto

第1章 ビジュアルで理解！

…の基本イメージは「上に」

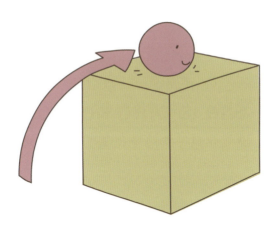

ontoの基本イメージは、何かの「上に」です。物などの「上」にある一点に「到達する」ところまでの意味を含んでいます。

He is climbing **onto** the roof.

彼は屋根にのぼっています。

● 屋根の「上に到達しかかっている」ことを表しています。

 # She is **onto** her son's lie.

彼女は息子のうそに気づいています。

● onto には「〜に気づいて」という意味もあります。her son's lie「息子のうそ」という言葉から、何か悪いことに「気づいている」という表現になります。

off

…の基本イメージは「離れる」

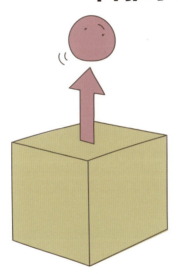

offの基本イメージは、接していたものから「離れる」という動きです。接触を表すonとは反対の意味を表します。

A button came off the shirt.

シャツからボタンが取れました。

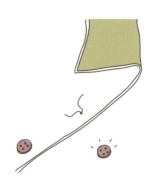

- シャツについていたボタンが「離れる」、つまり取れてしまった、ということです。あるべき場所からはずれてしまうことを表すときに off を使います。

Her remarks are off the point.

彼女の発言は要点がずれています。

- 要点を一点としてとらえると、発言はその点に沿ったものであるべきですが、彼女の発言は要点から「離れて」→「ずれて」いる、ことを表します。

He always gets off the bus at this stop.

彼はいつもこの停留所でバスを降ります。

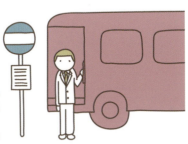

● 乗っていたバスから「離れる」ので、「バスを降りる」という意味を表します。このように、ある場所から単に「離れる」ことを表す場合も off を使います。

 # The sign says, "Keep off the grass."

看板には「芝生に入るな」とあります。

● Keep off the grass. を直訳すると、「芝生から離れたままでいなさい」となります。これも場所から「離れる」ことを表す off です。

He is off work today.

彼は今日、仕事を休んでいます。

● 仕事から「離れて」いる状態なので、「休み」という意味を表します。非番だということを表すときにも off を使います。

He is offering to take 10% off the fixed price.

彼は定価から10％引くと申し出ています。

● fixed price は「定価」。定価から10％分の金額が「離れる」とイメージしましょう。価格の割引を表すときは、off を使います。

甘いものを控えて

She has been staying off sweets.

彼女は甘いものを控えています。

● 甘いものから「離れる」というイメージで、「控える」「やめる」ことを表します。通常、悪い習慣や、過剰に摂取すると体に悪影響を及ぼすものに使います。

Off the Wall 『オフ・ザ・ウォール』

これはマイケル・ジャクソンの歌のタイトルで、歌詞の中にLife ain't so bad at all if you live it off the wallとあります。wallは「壁」のほか、「障壁」という意味もあります。障壁からoff「離れて」ということで、off the wallは「常識外れの、型破りな」を表します。紹介した歌詞全体の意味は「型破りに生きれば、人生はそれほど悪くない」となります。

over

…の基本イメージは

「上にある弧」

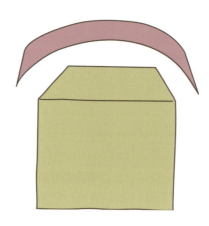

overの基本イメージは、ある地点の上に存在する「弧」です。ある場所に覆いかぶさるイメージを表すほか、ある地点を乗り越えるイメージも表します。

町の上を

There are some clouds over town.

町の上を雲が覆っています。

● 町の「上を覆うように」雲があることを示しています。この、ある場所の「上」を覆うようにというのが、overの最も基本的なイメージです。

 娘の上に

She is putting a blanket over her daughter.

彼女は娘の上に毛布をかけています。

● 娘の「上」に、「覆うように」毛布をかけていることを表します。

第1章 ビジュアルで理解！

He traveled all over Australia.

彼はオーストラリアじゅうを旅しました。

● オーストラリアの「上」を「覆うように」、いたるところを旅した、とイメージしましょう。

People over 60 often come to this center.

60歳を越えた人がよくこの会館に来ます。

● 60歳を一点として、その点の「上」を越える弧がある、ととらえましょう。このoverは、一点を「越えて」という意味です。

He got over his illness.

彼は病気を克服しました。

● 病気を一点としてとらえ、その「上」を乗り越える様子をイメージしましょう。overは、抽象的なこと（障害や困難など）を「越える」という意味でも使います。

Over the Rainbow 『虹の彼方に』

これは1939年のミュージカル映画『オズの魔法使い』でジュディ・ガーランドが歌った有名な曲。Somewhere over the rainbow, way up high, there's a land ...で始まるこの歌は、全米レコード協会が発表した「20世紀の歌」の中で堂々の1位に輝いた名曲です。「虹の向こう（彼方）の空の高いところに、ステキな国があるんだわ」という夢の世界へのイメージが膨らむ歌詞です。

They're chatting over tea.

彼女たちはお茶を飲みながら話しています。

- 会話がお茶の「上」を「弧」を描くように交わされている様子をイメージしましょう。teaのほか、lunch「昼食」やdinner「夕食」をあとに続けることもできます。

overを使ったことわざ

「覆水盆に返らず」ということわざを英語ではDon't cry over spilt milk.と表します。Don't cryは「泣いてはいけない」、spilt milkは「こぼれたミルク」。そしてoverの意味は基本イメージの、「上を覆っている」イメージでとらえましょう。全体で「こぼれたミルクのことで泣いてはいけない」となります。なお、spilt milkだけでは「取り返しのつかないこと」という意味で使えます。

under

第1章 ビジュアルで理解！

…の基本イメージは「下」

underの基本イメージは、「下」。何かに覆われた「下」もしくは「真下」を表します。

He found his keys under the desk.

彼は机の下にかぎを見つけました。

- **under**は**over**の逆で、何かに覆われたり、広がりを持つものの「下」に位置していることを表します。この文では机という覆いの「下」にあるから、**under**です。

She's wearing a sweater under her jacket.

彼女は上着の下にセーターを着ています。

- 上の例のように、机から離れた位置の「下」だけではなく、接触した面の「下」「内側」という位置を表すときにも**under**を使います。

20歳未満の

Those under 20 can't buy cigarettes.

20歳未満の人はたばこを買えません。

● **under**は場所についての「下」だけでなく、数や量が「下」ということを表すときにも使えます。年齢については「未満」という意味を表します。

教授のもとで

He is doing his research under a strict professor.

彼は厳しい教授のもとで研究しています。

● **under**は人やものの支配・監督・影響の「下(もと)」で何かを行う場合にも使います。

A new gym is under construction.

新しいスポーツジムが建設工事中です。

● underには、ある活動の「下、もと」にあるという意味もあります。construction「建設工事」の「もと」にあることから、「建設工事中」という意味になります。

Under the Skin
『アンダー・ザ・スキン　種の捕食』

2014年公開のこの映画。タイトルは、スカーレット・ヨハンソン演じる謎の美女の正体を暗示しています。文字通りの意味は、「皮膚の下に」。街中で男に声をかけては誘い、行為が終わると男を漆黒の沼に捨てる彼女の正体はエイリアン。あるときレイプされそうになり、男ともみ合いになった彼女の皮膚が破られると、その下にあったのは黒いエイリアンの姿でした。under the skinには「一皮むけば、実は」という意味もあり、人間がふだんは隠している欲望や孤独さなどがこの映画で描かれています。

Three candidates are under consideration.

３人の応募者が検討中です。

- 前のページのunder constructionと同じく、「ある活動のもと」＝「〜の最中」という意味を表すunderの例です。considerationは「検討」という意味。

> ### *Under the Sea*
> 『アンダー・ザ・シー』
>
> これはディズニー映画『リトル・マーメード』の主題歌で、under the seaは「海の中で」「水面下で」という意味です。陸の世界に憧れる主人公のアリエルのために、お目付役のセバスチャンが「自分たちが海の中で漂っている間、陸の上ではあくせく働かなくちゃならないし、海の中の暮らしのほうがずっといい」と陽気なリズムに乗って歌います。

above

…の基本イメージは「高さが上」

aboveの基本イメージは、ある基準よりも「高さが上」の位置にあるということです。

The art school is above the bakery.

その絵画教室はベーカリーの上にあります。

- aboveは、物理的に高いところにあることを示します。基準とするものよりも高い位置にあれば、必ずしも真上になくても構いません。

All his scores are above average.

彼の点数はすべて平均以上です。

- aboveは、高低がつけられる数、量、程度の基準より「上」であることを示すときにも使われます。above average は平均という基準よりも「上」であることを表しています。

何よりも

He's competent and above all, he's good-looking.

彼は優秀で、何よりもハンサムです。

- all「すべてのもの」よりも above「上」の位置にある、ということで「何よりも、とりわけ」という意味を表します。

ジークムント・フロイトの above

精神分析学者として有名なフロイトが心についてこんな言葉を残しています。The mind is like an iceberg, it floats with one-seventh of its bulk above water.「心とは氷山のようなものである。氷山は、容積の7分の1を海面の上に出して浮かんでいる」。above の逆は below で、below water「海面下」は無意識層だとフロイトは説明しています。

below

…の基本イメージは「高さが下」

belowの基本イメージは、ある基準よりも「高さが下」の位置にあるということです。aboveの対になる語です。

ダンス教室の下に

Her apartment is below the dance school.

彼女の部屋はダンス教室の下にあります。

- **below**は、物理的な位置が低いことを表すのに使います。彼女の部屋は、ダンス教室のある階の基準よりも高さが「下」の位置にあることを表しています。

氷点下に

The temperature dropped below zero.

気温が氷点下に下がりました。

- 気温や高さなど縦の目盛で測れる数値について、基準より「下」であることを示すときにも**below**を使います。

beyond

…の基本イメージは「越えて」

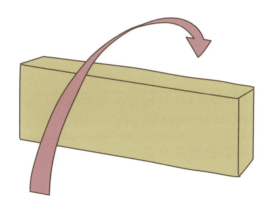

beyondの基本イメージは、範囲や限界を「越えて向こうへ」です。

Her house is beyond these mountains.

彼女の家はこの山の向こうにあります。

- 場所について、今の位置から何かを「越えた向こう側」を示すときにbeyondを使います。

His room is beyond description.

彼の部屋は言葉では言い表せません。

- beyondは、比喩的に範囲や限界を超えていることを表すときにも使います。descriptionは「言葉で言い表すこと」。言葉での表現の域を超えているという意味です。

against

第1章 ビジュアルで理解!

…の基本イメージは

「反発し合う力」

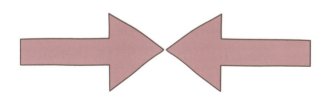

againstの基本イメージは、2つの力や圧力が真っ向から「反発し合っている」様子です。ここから「反対」「対立」というイメージが生まれます。

流れに逆らって

She is trying to swim against the current.

彼女は流れに逆らって泳ごうとしています。

● 海流が一方から流れている中で、女性はそれに抵抗して泳いでいるので against を使います。current は「水の流れ」。

指図に反抗して

The child always goes against his mother's instructions.

その子はいつも母親の指図に反抗します。

● 物だけでなく、人の意見や提案などに「反発」「反対」する場合にも against を使います。

within

…の基本イメージは「範囲内」

第1章 ビジュアルで理解!

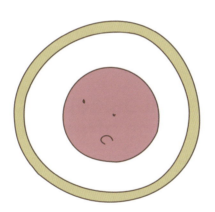

withinの基本イメージは、「範囲内」。範囲を示す線があり、その内側におさまっていることを表します。

There are three spas within two kilometers from the station.

駅から2キロ内に温泉施設が3つあります。

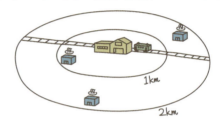

● 駅から2キロの範囲を示す線があり、その「内側」に何があるかを示しています。場所について within を使っている例です。

He fell asleep within 10 minutes after getting into bed.

彼はベッドに入って10分以内に眠りました。

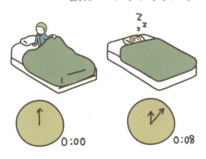

● within は、時間の範囲について「以内」というときにも使います。10分以内なので、ベッドに入って10分を過ぎないのであれば within 10 minutes と表せます。

without

第1章 ビジュアルで理解!

…の基本イメージは「伴わない」

withoutの基本イメージは、「伴わない」。「伴う」を表すwithに、「外」や「なくなって」という意味を持つoutがつき、withと反対の意味を表します。

He likes coffee without milk.

彼はミルクなしのコーヒーが好きです。

● ミルクが一緒に入っているコーヒーが好きなら、with milk。一緒に入っていないものが好みならば、withoutを使います。

She passed her coworkers without saying good morning.

彼女はおはようも言わずに同僚の前を通りました。

● without「伴わない」+ saying「言うこと」で、「言わずに」という意味になります。without ～ingは、ある動作を伴わないことを示すのに使います。

between

第1章 ビジュアルで理解！

…の基本イメージは「2者の間」

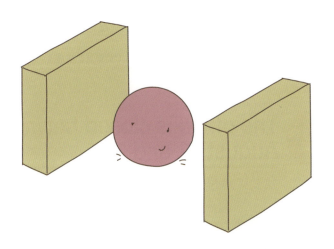

betweenの基本イメージは、2つのものや人の「間」にある状態です。

2人の間に

A boy is sitting between two beautiful women.

少年は美しい2人の女性の間に座っています。

● betweenは、あるものとあるものの「間」に位置していることを表します。

8月11日から

The office is closed between August 11 and 15.

会社は8月11日から15日の間休業します。

● between は場所だけでなく、ある時間と時間の「間」を表すときにも使います。between 以下を、from August 11 to 15 とすることで「8月11日から15日まで」と表すこともできます。

青と緑の中間

She likes the color between blue and green the best.

彼女は青と緑の中間色が一番お気に入りです。

- 場所や時に関しての「間」だけでなく、程度について、2つの中間であることを示すときにもbetweenが使えます。

仕事と結婚の間で

She has to choose between a career and marriage.

彼女は仕事と結婚の間で選ぶ必要があります。

- 対立する2つのものを取り上げ、その「間」での選択を説明するときにもbetweenを使います。

among

…の基本イメージは

「複数に囲まれて」

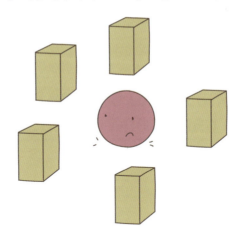

amongの基本イメージは、複数のものや人に「取り囲まれて」いる状態です。具体的な数で示すと3つ以上ですが、不特定多数のものや人に囲まれている場合に使います。

She is working among foreigners.

彼女は外国人の中で仕事をしています。

- １人ひとりを明確に意識せずに、大勢の人やものに「囲まれて」いる様子を表すときに among を使います。少なくとも３人の外国人に囲まれていることがこの文からわかります。

Paris is among the most popular tourist spots in the world.

パリは世界で最も人気の観光地の１つです。

- パリのほか、ローマやニューヨークなど甲乙つけがたい人気の観光地があって、それらに囲まれてパリも存在している、という感覚から among が使われています。

They discussed, among other things, the relocation.

彼らはとりわけ移転について話し合いました。

● other thingsは「ほかのもの」。いくつかの議題に「囲まれて」いる中の1つに注目している感覚をイメージしましょう。

ルイス・キャロルのamong

ルイス・キャロルは『不思議の国のアリス』の作者です。その作品の中で、アリスがチェシャ猫と出会った場面にこんな一節があります。"I don't want to go among mad people," said Alice. "Oh, you can't help that," said the cat. "We're all mad here."「『頭がおかしな人のところには行きたくないわ』とアリスが言います。『それは無理だよ』と猫が言います。『ここではみんな頭がおかしいんだから』」。among mad peopleから、迷い込んだ世界では、アリスのまわりにいるのはおかしな人ばかりという様子が想像できます。

第2章

使い分けを理解！

第1章では、1つひとつの前置詞にスポットをあて、図やイラストを見ながら、基本的なイメージや使い方を解説しました。第2章では、英語を話したり書いたりするときにどちらを使ったらよいのか迷いやすい前置詞を2つずつ取り上げます。第1章の基本イメージを思い出しながら、正しく使い分けるポイントを理解しましょう。

時 を表す前置詞

at と on

Q. ( ) に入るのは **at** と **on**、どっち？

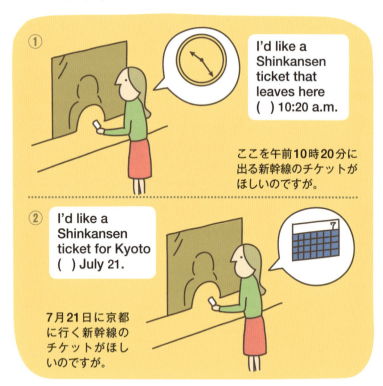

① 時間のある「一点」を指しているから at

I'd like a Shinkansen ticket that leaves here at 10:20 a.m.
ここを午前10時20分に出る新幹線のチケットがほしいのですが。

atもonも時を表す前置詞ですが、「10時20分に」「11時に」など、時の流れのある「一点」を指すときにはatを使います。時刻のほか、もう少し幅のあるnight「夜」、dawn「夜明け」を指すときにもatを使います。

 I often have hot milk at night.
私はよく夜にホットミルクを飲みます。

② 1日という幅の広い時間に「のって」いるから on

I'd like a Shinkansen ticket for Kyoto on July 21.
7月21日に京都に行く新幹線のチケットがほしいのですが。

onはatよりも幅の広い「時」を表すときに使います。時刻が「一点」を指すのに対し、7月21日という1日は24時間という時間の幅があります。「幅のある時」＝「特定の日」や「曜日」にはonを使います。

 My job interview will be on Wednesday next week.
私の就職面接は来週の水曜日にあります。

時 を表す前置詞
in と on

Q. ( ) に入るのは in と on、どっち？

①

Let's have a party ( ) December.

12月にパーティーをしよう。

②

Let's have a party ( ) your birthday.

君の誕生日にパーティーをしよう。

① 12月という「枠の中」で起こるから in

Let's have a party in December.
12月にパーティーをしよう。

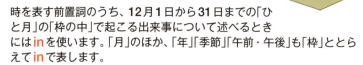

時を表す前置詞のうち、12月1日から31日までの「ひと月」の「枠の中」で起こる出来事について述べるときには in を使います。「月」のほか、「年」「季節」「午前・午後」も「枠」ととらえて in で表します。

 A lot of people go to the beach in summer.
夏に大勢の人がビーチに出かけます。

② 特定の日に「のって」いるから on

Let's have a party on your birthday.
君の誕生日にパーティーをしよう。

①の文ではパーティーをする日は、12月という枠のどの日でも構いません。しかし、②の「誕生日」はある「特定の日」を指しています。このように広い枠の中ではなく、特定の1日を指す場合には on を使います。

 We customarily eat buckwheat noodles on New Year's Eve.
大みそかには、習慣的におそばを食べます。

時を表す at / on / in の使い分け

時を「点」としてとらえるときに使うat、「乗って」というイメージでとらえるon、「枠」でとらえるin。これらの前置詞は、あとにどんな「時」を表す語が来るかで使い分けます。前置詞ごとに整理してみましょう。

at 「時の流れの一点」

atは「時刻」や、時の流れにおける「一点」としてとらえるものに使います。

at 6:00	6時に 〈時刻〉
at noon	正午に
at midnight	夜中の12時に
at dawn	夜明けに
at sunrise	日の出に
at sunset	日の入りに
at night	夜に
at lunchtime	昼食時に
at Christmas	クリスマスに

on 「時にのって」

on は「特定の日」や「曜日」に使います。

on April 5	4月5日に 〈日〉
on the 20th	20日に
on Monday	月曜日に 〈曜日〉
on Sunday morning	日曜日の午前中に 〈曜日＋午前・午後・晩〉
on Christmas Eve	クリスマスイブに
on my birthday	私の誕生日に
on the third anniversary	3周年に

in 「時の枠の中で」

in は「午前・午後」などの枠、「月」「季節」「年」など、ある程度の幅をもつ「時間枠」に使います。

in the morning	午前中に 〈午前・午後・晩〉
in the afternoon	午後に
in the evening	夕方・晩に
in April	4月に 〈月〉
in spring	春に 〈季節〉
in 2015	2015年に 〈年〉
in the 1990s	1990年代に
in the 20th century	20世紀に

時を表す前置詞
inとafter

Q. ( ) に入るのは in と after、どっち？

① 時刻を示して「～のあとに」は after

Can you come back after two?
2時以降に戻ってきてもらえるかな？

①では、two「2時」という時刻を示して、そのあとに戻ってきてほしいと伝えています。時刻や日付、dinner「夕食」、Christmas「クリスマス」などの出来事を示して、そのあとに行う動作を伝えるときには after を使います。

 How about a cup of coffee after lunch?
ランチのあとにコーヒーを1杯どうですか。

② 今よりあとの「時間の枠」を示しているから in

Can you come back in two hours?
2時間後に戻ってきてもらえるかな？

②では、具体的な時刻ではなく、今の時点からどのくらいの「時間の枠」が経ったら戻ってきてほしいかを伝えています。「時間の枠」は in で表します。1分後のような短期間も100年後のような長期間も、「枠」としてとらえます。

 I'll call you back in ten minutes.
10分後に折り返しお電話します。

時 を表す前置詞
in と within

Q. ( ) に入るのは **in** と **within**、どっち？

① Don't worry. We'll get there ( ) an hour.

心配しないで。
1時間以内にそこに着くよ。

② We'll be late. We'll get there ( ) an hour.

遅れちゃうね。
1時間後にそこに着くよ。

① 1時間という「範囲内」におさまるから **within**

We'll get there within an hour.
1時間以内にそこに着くよ。

①では、食べ放題が始まる12時に間に合うと男性は言っています。withinはその範囲の内側におさまっていることを示しています。2人が着くのは11時30分かもしれないし、40分、50分かもしれませんが、男性の「心配しないで」というセリフから、2人が12時前に着くのは確実であることがわかります。

Your order will be served within 10 minutes.
ご注文は10分以内にお出しします。

② 1時間という「枠」のあとに着くから **in**

We'll get there in an hour.
1時間後にそこに着くよ。

inは「枠」を示す前置詞です。2人が着くのは1時間という「枠」を越えたあと、つまり12時10分を意味するので、女性は開始時刻に間に合わないと知って怒っています。

Let's meet here in two hours.
2時間後にここに集合しましょう。

時を表す前置詞
to と through

Q. ( ) に入るのは to と through、どっち？

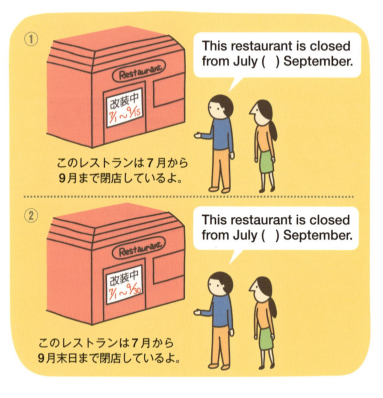

① 9月という「到達点」を示しているから to

This restaurant is closed from July to September.
このレストランは7月から9月まで閉店しているよ。

to はある方向に向かう「到達点」を示します。閉店期間が終わる「到達点」は9月ですが、閉店が9月1日までなのか、15日か、30日までなのかは、from ~ to ... の表現からは明らかではありません。

 It rained from Monday to Wednesday.
月曜日から水曜日まで雨が降りました。

> この文からは、水曜日の午前中まで雨が降ったのか、午後、もしくは曜日が変わる直前まで降ったのか、はっきりとわかりません。

② 9月という1か月を「通り抜ける」から through

This restaurant is closed from July through September.
このレストランは7月から9月末日まで閉店しているよ。

②の文では、男性は9月末日まで閉店であることをはっきり示しています。to の代わりに through を使っているからです。through の基本イメージは「通り抜ける」。9月というトンネルを入って通り抜けるイメージなので、9月末日までを含みます。

 I lived in New York from 2009 through 2012.
私は2009年から2012年いっぱいまでニューヨークに住んでいました。

期間 を表す前置詞
for と during

Q. ( ) に入るのは for と during、どっち？

①「特定の期間」を示すときは during

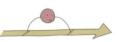

I studied hard during my college years.
大学時代の間、すごく勉強したよ。

「大学時代の間」と「2年間」は、どちらも「期間」を話題にしています。「特定の期間」に注目し、その間に行われることを説明するときには during「〜の間」を使います。

 I worked part-time at a café during my summer vacation.
夏休みの間、カフェでアルバイトをしました。

② 時間的な範囲を「数字」で表すときは for

I studied hard for two years.
2年間、すごく勉強したよ。

このように数字を使って「時間的な範囲」を表し、その間に行われることを説明するときには for を使います。
この文からわかることは「2年間」すごく勉強したという事実であり、大学の2年間か、高校の2年間かは、この文からはわかりません。

 I dated Kenta for three months.
ケンタと3か月間付き合いました。

期限・継続 を表す前置詞
by と until

Q. ( ) に入るのは **by** と **until**、どっち？

① I have to be at the office ( ) 8:00 tomorrow.

② I have to be at the office ( ) 8:00 today.

明日は8時までに会社に
いないといけないんだ。

今日は8時まで会社に
いないといけないんだ。

① ある「期限」までに動作が完了するときは by

I have to be at the office by 8:00 tomorrow.
明日は8時までに会社にいないといけないんだ。

日本語ではどちらの文にも「まで」が使われていますが、byの基本イメージは、「近く」に存在していること。①では、明日8時までに会社にいる、という動作の完了を表しています。8時を「期限の一点」としてとらえ、その一点に「近い」時点で動作が完了していることを示す場合にはbyを使います。

I'd like to have my dress cleaned by tomorrow evening.
明日の夕方までにドレスをクリーニングしてほしいんですが。

② その状態がずっと「継続」するのは until

I have to be at the office until 8:00 today.
今日は8時まで会社にいないといけないんだ。

②では、男性は現在会社にいて、このあと8時までずっと会社にいなければならない、と言っています。このように継続している状態や動作が終了する時点を表すときには、untilを使います。

Our store is open until 9 p.m. every Friday.
当店は、毎週金曜日は午後9時まで開いています。

until …の基本イメージは「までずっと」

継続している状態や動作の終了時点を表します。

起点 を表す前置詞

from と since

Q. ( ) に入るのは from と since、どっち？

① 起点は「今」で、そこから離れるから from

I'll have lunch with my mother from now.
今から母とランチなの。

fromは「起点から離れる」が、基本イメージです。出発点が今であることを伝え、そこから母とランチをするという動作が始まります。fromの起点は、過去・現在・未来のどの文でも使えます。

 The meeting was from 9:00 to 12:00.
会議は9時から12時でした。

② 起点は「過去」で、そこから現在まで続くのは since

I have been with my mother since 12:00.
12時からずっと母と一緒なの。

日本語では①、②ともに「から」が使われていますが、過去における起点を示し、そこから現在まで続いている状態や動作を表すときにはsinceを使います。sinceはふつう、現在完了の文で使います。

 I have had a headache since yesterday.
昨日からずっと頭痛がしています。

> **since** …の基本イメージは「過去から」
>
> 過去のある起点を表すのに使います。

場所を表す前置詞

atとon

Q. ( ) に入るのは at と on、どっち？

① 平面の上に「乗っている」から on

There's a notice on the door.
ドアに貼り紙があるよ。

男性が指さしているのは、ドアに貼られた貼り紙です。
①では、この貼り紙がある場所はドアの上。このように、平面に接触している場合はonを使います。水平なものの上だけではなく、ドア、壁など垂直面に接している場合もonを使います。

 There's a fly on the ceiling.
天井にハエが止まっているよ。

②「場所の一点」にフォーカスしているから at

There's a notice at the door.
ドアのところに貼り紙があるよ。

②では、貼り紙があるのは「ドアのところ」。ドアという「場所の一点」を示しているので、atを使うのが適切です。

 I'll wait for you at the bus stop.
バス停のところで待っています。

> この文でもしon the bus stopと言ってしまうと、バス停の上に乗っかっているか、バス停にしがみついて待っていることになってしまいます。

第2章 使い分けを理解！

場所 を表す前置詞
at と in

Q. ( ) に入るのは **at** と **in**、どっち？

I'm ( ) the M&C Store.

M&Cストアの
ところにいるわ。

I'm ( ) the M&C Store.

M&Cストアの
中にいるわ。

①「場所の一点」を指しているから at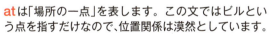

I'm at the M&C Store.
M&Cストアのところにいるわ。

atは「場所の一点」を表します。この文ではビルという点を指すだけなので、位置関係は漠然としています。
①のように建物の外にいる場合のほか、中にいるときも、また、建物の正面でなく裏にいるときもatで表せます。つまり、atでは居場所を正確に伝えることはできません。

 He was waiting for me at the station for a long time.
彼は長い間、私を駅で待っていました。

> この文からは、彼が駅のどこで待っていたかはわかりません。

② 囲まれた「枠」の中にいるから in

I'm in the M&C Store.
M&Cストアの中にいるわ。

店や家などの囲まれた「枠」の中にいることをはっきりと伝えるときにはinを使います。この文からは女性は店の外ではなく中にいることがわかります。

 I came across my high school classmate at a seminar in Nagoya.
名古屋のセミナーで、高校のクラスメートに偶然会いました。

> 名古屋という囲まれた「枠」における、ある「セミナー」で出会ったというイメージでとらえましょう。

場所 を表す前置詞(1)
in と on

Q. ( ) に入るのは in と on、どっち？

① Look at yourself ( ) the mirror.

鏡で自分を見てごらん。

② Look. There's a stain ( ) the mirror.

見て。鏡にしみがついているよ。

① 鏡という「枠」の中の世界だから in

Look at yourself in the mirror.
鏡で自分を見てごらん。

鏡に映る世界を、別世界の「枠」と考えましょう。鏡に映っている人やものは、in the mirror「鏡の中に」存在します。

I'm going to an island in the Pacific next month.
来月、太平洋上の島に行きます。

> 島は海の中にあるものなのでin。on the Pacificでは、海の上にプカプカ浮いていることになってしまいます。

② 鏡の表面の「上にのっている」しみだから on

Look. There's a stain on the mirror.
見て。鏡にしみがついているよ。

②で話題になっているのはstain「しみ」がついている場所です。鏡の面の上についたものなのでonを使います。

There are some boats on the lake.
湖にボートが浮かんでいます。

> in the lakeでは、ボートが湖の中に沈んでいることになります。

場所 を表す前置詞（2）
in と on

Q. ( ) に入るのは in と on、どっち？

① Let's get ( ) the train.
電車に乗ろう。

② Let's get ( ) the car.
車に乗ろう。

① 電車の上に「乗って」移動するから on

Let's get on the train.
電車に乗ろう。

日本語ではどちらも「～に乗ろう」と言いますが、英語では何に乗るかで前置詞を使い分けます。電車やバス、飛行機、船などに乗る場合はon。電車の床の「上」に足をつけて「乗っている」姿、それがレールの「上」を進んでいく様子が、onのイメージとぴったり合います。

 We got on the plane at Portland but missed our connecting flight at Los Angeles.
私たちはポートランドで飛行機に乗りましたが、ロサンゼルスで乗り継ぎ便に乗り遅れました。

② 狭い空間の「枠」の中に乗り込むから in

Let's get in the car.
車に乗ろう。

一方、車の場合は、狭く、囲まれた空間、というイメージが強くあります。バンやトラック、タクシーに乗る、という場合もinで表します。inのほか、intoを使うこともあります。

 Can five people get in one taxi?
タクシー1台に5人乗れますか。

第2章 使い分けを理解！

場所 を表す前置詞
by と beside

Q. ( ) に入るのは by と beside、どっち？

① The child is walking ( ) his mother.

子どもはお母さんのそばを歩いています。

② The child is walking ( ) his mother.

子どもはお母さんの脇を歩いています。

① 前後左右の「そば」は by

The child is walking by his mother.
子どもはお母さん**のそばを**歩いています。

byは「近く」を表しますが、左右だけでなく、前後の位置を表すこともできます。①では、男の子はお母さんの近くにはいるけれど左右に並んでいるわけではないのでbyです。

Watch out! There's a glass by your elbow.
気をつけて！ 肘のそばにグラスがありますよ。

② 左右の「そば」は beside

The child is walking beside his mother.
子どもはお母さん**の脇を**歩いています。

「そば」や「近く」を表す前置詞には、byのほかに、besideとnearがあります。このうち、最も近くを表すのはbeside。side「側」が含まれていることからも推測できるように、左右のそば、左右に並んでいる状態を表します。nearは、byやbesideよりは離れた「近い」状態を表します。

Come and sit beside me.
私のそばに来て座って。

> **beside** …の基本イメージは「横」
> 左右に並んでいる状態を表します。

場所(上)を表す前置詞

on と onto

Q. ( ) に入るのは on と onto、どっち？

① Don't jump ( ) the sofa.
ソファで飛び跳ねてはダメ。

② Don't jump ( ) the sofa.
ソファに飛び乗ってはダメ。

① 女の子は平面の上に「乗っている」から on

Don't jump on the sofa.
ソファで飛び跳ねてはダメ。

onの基本イメージは、「上に乗っている」。ここでは jump「飛び跳ねる」という動詞と一緒に使われ、ソファの上に乗って飛び跳ねるという動作を表しています。

He is taking a nap on the carpet.
彼はカーペットの上で仮眠をとっています。

② ソファの上に「到達する」という動作を表すから onto

Don't jump onto the sofa.
ソファに飛び乗ってはダメ。

onとontoとの違いは、ontoは「到達点」も含むということで、jump onto the sofaは「ソファの上まで飛び乗る」という意味になります。jump on the sofaは「ソファの上で飛び跳ねる」と「ソファに飛び乗る」のどちらにもとれますが、jump onto the sofaにはそうしたあいまいさはありません。

A vase fell off the table onto the carpet.
花瓶がテーブルから落ちて、カーペットの上に落ちました。

場所(上)を表す前置詞

on と over

Q. ( ) に入るのは on と over、どっち？

① A bird is flying ( ) the tree.

② A bird is sitting ( ) the branch.

鳥が木の上を飛んでいます。

鳥が枝の上に止まっています。

①「上に弧を描く」は over

A bird is flying over the tree.
鳥が木の上を飛んでいます。

①では、鳥が木の上に弧を描くように飛んでいます。このように、何かの「上に弧を描く」ような動きを表す場合は over を使います。

There is a wooden bridge over the river.
川の上に木の橋がかかっています。

② 枝に「接して」は on

A bird is sitting on the branch.
鳥が枝の上に止まっています。

日本語では同じ「上」でも、このイラストのように枝に「接して」止まっている場合には、on を使って表します。

There is a garden on the roof of the building.
そのビルの屋上には庭があります。

場所(上)を表す前置詞

overとabove

Q. ( )に入るのは over と above、どっち？

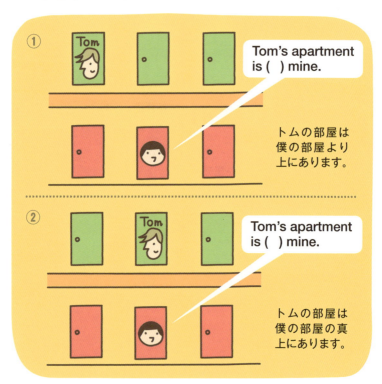

① 基準より「上」なら **above**

Tom's apartment is above mine.
トムの部屋は僕の部屋**より上に**あります。

aboveもoverも「上」を表しますが、aboveはある基準よりも「高さが上」にあることを示します。真上でなくても、男性の部屋がある階より上にTomの部屋があれば、aboveを使います。

The sportswear department is above the shoe department.
スポーツウェア売り場は、靴売り場より上にあります。

②「真上」を表す **over**

Tom's apartment is over mine.
トムの部屋は僕の部屋**の真上に**あります。

overは、「上に弧を描く」イメージです。その弧は、ある地点の「真上」も含むことから、overは「真上に」という意味にもなります。

The light is over the table.
照明はテーブルの真上にあります。

> この文でabove the tableと言うと、照明がテーブルの真上ではなく、斜め上にあることも考えられます。

第2章 使い分けを理解！

場所(越えて)を表す前置詞

overとbeyond

Q. ( )に入るのは **over** と **beyond**、どっち？

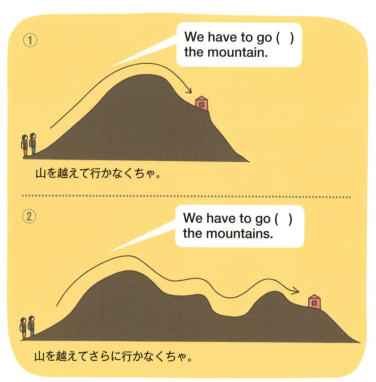

① We have to go ( ) the mountain.
山を越えて行かなくちゃ。

② We have to go ( ) the mountains.
山を越えてさらに行かなくちゃ。

①「越えて」は over

We have to go over the mountain.
山を越えて行かなくちゃ。

①では、山の反対側にある山小屋に到着するために、山を「越えて」行くことを表しています。ある地点を越えて行くという、矢印の動きを表すのは over です。

 He tried to climb over the fence.
彼はフェンスを乗り越えようとしました。

②「越えて先に」は beyond

We have to go beyond the mountains.
山を越えてさらに行かなくちゃ。

②では、①よりもさらに遠いところに目的地があります。beyond は、今いる場所から何かを「越えた向こう側」という意味を表します。over に比べて、さらに遠いところを表すイメージです。

 There is a continent beyond the sea.
海のかなたに大陸があります。

場所(中) を表す前置詞
in と into

Q. ( ) に入るのは in と into、どっち？

① A dog is walking ( ) the park.
犬が公園の中を歩いています。

② A dog is walking ( ) the park.
犬が公園の中へ歩いて入っていきます。

①「枠の中」は in

A dog is walking in the park.
犬が公園の中を歩いています。

①では、犬が公園という「枠の中」にすでに入っており、その中で歩いていることを示しています。空間や、枠に取り囲まれた場所の「中」を表す場合は in を使います。

 My brother is in his room now.
兄は今、自分の部屋にいます。

②「枠」の「内部に入る」ので into

A dog is walking into the park.
犬が公園の中へ歩いて入っていきます。

into は「枠の中」を表す in と、「到達点」を表す to が合体した語です。「到達点」を意識しながら、「枠の中」へ「入っていく」ことを表すときに使います。in に比べて、「中に入る」という動きに重点を置く語です。

 A boy ran into a restroom.
男の子がトイレに駆け込みました。

> この文で in a restroom と言うと、男の子が「トイレの中で走った」という意味になります。

場所(下)を表す前置詞
belowとunder

Q. ( ) に入るのは **below** と **under**、どっち？

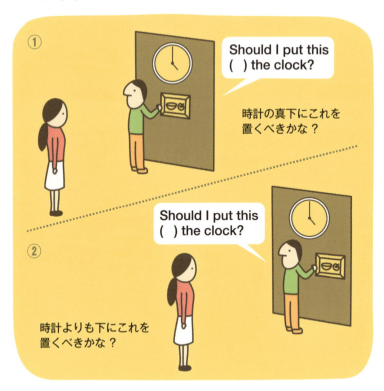

①「真下」は under

Should I put this under the clock?
時計の真下にこれを置くべきかな？

①では、時計の「真下」に絵を置こうとしています。
underもbelowも「下」というイメージは同じですが、underは「真下」や、「何かに覆われた下」を表します。underと反対の「真上」を表すのは、overです。

 There is a river under the bridge.
橋の真下に川があります。

②「基準より下」は below

Should I put this below the clock?
時計よりも下にこれを置くべきかな？

②では、時計の位置を「基準」として、それよりも「下」に絵を置こうとしています。belowは「基準より下」であることを示すときに使い、必ずしも真下である必要はありません。反対の意味を表す語は「基準より上」を表すaboveです。

 The sun is going down below the horizon.
太陽が地平線より下へと沈んでいきます。

場所を表す前置詞

acrossと through

Q. ( )に入るのは across と through、どっち？

①「平面を横切る」は across

Go across the road to get to the hotel.
ホテルに行くには、通りを渡りなさい。

通りを平面的な場所ととらえ、そこを「横切って渡る」のでacrossを使います。acrossもthroughも、ある場所を「通る」という意味を表しますが、平面的な場所を横切って通るときはacross、立体的な場所を通るときはthroughを使います。

 The children are swimming across the lake.
子どもたちが湖を泳いで渡っています。

②「立体的な空間を通り抜ける」は through

Go through the tunnel to get to the hotel.
ホテルに行くには、トンネルを通り抜けなさい。

トンネルのように立体的な空間を「通り抜ける」ことを表すときはthroughを使います。たくさんの木が立ち並ぶ森や、ビルが林立する空間などを「通る」場合もthroughで表します。

 The river runs through the city.
その川は都市を通って流れています。

第2章 使い分けを理解！

場所 を表す前置詞

on と along

Q. ( ) に入るのは on と along、どっち？

① 湖に「接して」いるから on

Let's try that café on the lake.
湖にあるあのカフェを試してみよう。

①では、カフェと湖の位置関係を説明するのに前置詞を使っています。建物や人が住む場所が、道や川に「面している」状態を表す場合は on を使います。

 The Smiths live on Main Street.
スミス一家はメイン通りに住んでいます。

② 湖に「沿って」歩くから along

Let's walk along the lake to that café.
湖に沿ってあのカフェまで歩こう。

②では、湖に「沿って」歩こうと述べるのに前置詞を使っています。along は細長いものに「沿う」というイメージを持ち、「湖（のそばを通る道）に沿って」と表しています。

 The railroad tracks run along the shoreline.
線路は海岸線に沿って続いています。

場所（間）を表す前置詞

amongとbetween

Q. ( ) に入るのは among と between、どっち？

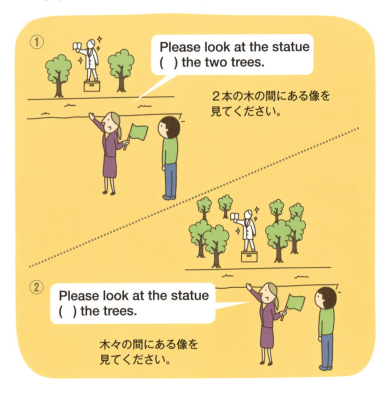

① Please look at the statue ( ) the two trees.

２本の木の間にある像を見てください。

② Please look at the statue ( ) the trees.

木々の間にある像を見てください。

① 1本1本を意識して「間」にあるから between

Please look at the statue between the two trees.
2本の木の間にある像を見てください。

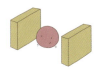

①では、女性は像の両脇に立っている木1本1本を意識して、「2本の木の間に」と言っています。between も among も「〜の間に」という意味を表しますが、2つの物や人「の間に」というときは between を使います。

 The album is between the books on the shelf.
アルバムは、棚の上の本の間にあります。

② 個々の木を意識せずに「間」にあるから among

Please look at the statue among the trees.
木々の間にある像を見てください。

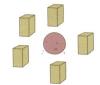

②では、彫像を囲む木がたくさんあります。3つ以上の不特定多数をざっくりとまとめて「〜の間に」と表すときには among を使います。「1本1本の木」ではなく、「木々」としてとらえているので、among が使われています。

 He suddenly stopped among the crowd.
彼は人ごみの中で突然立ち止まりました。

場所（〜から）を表す前置詞
from と out of

Q. ( ) に入るのは from と out of、どっち？

①「どこ」から捨てているかに重点を置くのが from

Don't throw trash from there!
そこからごみを捨てちゃダメ！

①では、窓のそばにいる男の子に、「そこからごみを捨ててはいけない」と母親が注意しています。from も out of も「〜から」という意味になりますが、どこからかという「起点」に重点を置くときには from を使います。

 Trains for Hakata leave from Track 3.
博多行きの電車は3番線から出発します。

②「中から外へ」に重点を置くのが out of

Don't throw trash out of the window!
窓から外にごみを捨てちゃダメ！

②では、男の子が窓から少し離れたところから外へ向かってごみを投げ捨てています。母親が注意しているのは、外へごみを捨てるという行為です。「中から外へ」という動きに重点を置いて言っているので、out of を使います。

 A fish jumped out of water.
魚が水中から飛び出しました。

場所・所属 を表す前置詞
at と with

Q. ( ) に入るのは at と with、どっち？

①「所属」を表すので with

She's staying with his family.
彼女は彼の家族と泊まります。

①では、女性が「誰と」泊まるかに重点が置かれています。「所属」を表すときは、人を「伴う」というイメージをもつ with を使います。

 He has been with the company for eight years.
彼は8年間その会社にいます。

②「場所」を表すので at

She's staying at his house.
彼女は彼の家に泊まります。

②では、女性が泊まる「場所」に重点が置かれています。「人」ではなく「一点」の場所を表すときには at を使います。stay with は「(人)と泊まる」「(人)のところに泊まる」、stay at は「(場所)に泊まる」となります。

 Her boyfriend was at the shop.
彼女の恋人はその店にいました。

順序・場所 を表す前置詞
before と in front of

Q. ( ) に入るのは before と in front of、どっち？

① The woman arrived at the theater ( ) her boyfriend.

女性は彼氏の前に劇場に到着しました。

② The woman is standing ( ) the theater.

女性は劇場の前に立っています。

① 順序についての「前」は before

The woman arrived at the theater before her boyfriend.
女性は彼氏の前に劇場に到着しました。

日本語では同じ「前」でも、英語では場所の「前」と順序の「前」で異なる表現を使います。順序や時間の前後について「前」と言うときには、beforeを使います。反対の「あと」はafterで表します。

He puts his work before his family.
彼は家族よりも仕事を優先させています。

> 優先順位について述べている文で、「家族の前に仕事を置く」で、仕事を優先させているという意味になります。

② 場所を表す「前」は in front of

The woman is standing in front of the theater.
女性は劇場の前に立っています。

場所を表す「正面に」「前に」は、in front ofを使います。反対の「後ろ」はbehindです。

Don't talk about my boyfriend in front of my parents.
両親の前で、私の彼氏の話はしないで。

> 建物やものの「前」だけではなく、人の「面前で」という意味にも使います。

> **in front of** …の基本イメージは「正面に」
>
> 何かの「正面に」あることを表します。

第2章 使い分けを理解!

順序・場所 を表す前置詞

after と behind

Q. ( ) に入るのは **after** と **behind**、どっち？

① 順序を表して「あと」なら after

Close the door after you.
通ったらドアを閉めなさい。

afterは順序や時間について「～のあとで」という意味を表し、このafter youは、「あなたのあとで」という意味です。男性は女の子に、自分が通ったあとはドアを閉めなさい、と言っています。場所を示して「あなたの後ろで」という意味にはなりません。

 John will read the book after Meg.
ジョンは、メグのあとでその本を読むつもりです。

② 場所を表して「後ろ」なら behind

Close the door behind you.
後ろのドアを閉めなさい。

②では、男性は2つあるドアのうち、女の子の「背後」にあるドアを閉めるように言っています。afterもbehindも「あと、後ろ」という意味がありますが、場所を示すときにはbehindを使います。

 The garden is behind the house.
庭は家の裏にあります。

方向を表す前置詞
at と to

Q. ( ) に入るのは **at** と **to**、どっち？

① Kick the ball ( ) the goal.

ゴールのほうに
ボールを蹴って。

② Kick the ball ( ) the goal.

ゴールをめがけて
ボールを蹴って。

①「方向」を表す to

Kick the ball to the goal.
ゴールのほうにボールを蹴って。

①では、コーチがゴールの「方向へ」ボールを蹴るように、選手に指示を出しています。toがもつイメージは「到達点」で、方向を表して「〜に向かって」「〜のほうへ」という意味を表します。

 She is on her way to work.
彼女は仕事へ行く途中です。

②「一点をめがけて」を表す at

Kick the ball at the goal.
ゴールをめがけてボールを蹴って。

②では、コーチは相手のゴールをめがけてボールを蹴るように、つまり得点をねらってボールを蹴るように指示しています。toもatも方向を表すときに使いますが、atは「一点をめがけて」という意味を含みます。

 Jane yelled at me.
ジェーンは私を怒鳴りつけました。

> 「私をめがけて怒鳴りつけた」→「私を怒鳴りつけた」となります。

第2章 使い分けを理解！

方向 を表す前置詞
to と for

Q. ( ) に入るのは to と for、どっち？

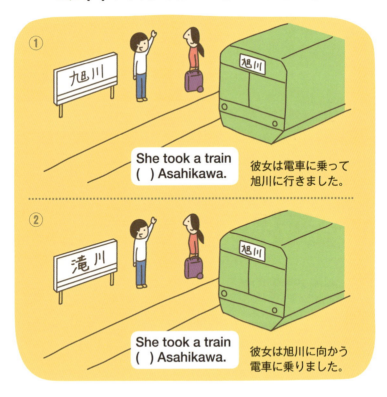

① 「到達点」を含むのは to

She took a train to Asahikawa.
彼女は電車に乗って旭川に行きました。

①では、女性が電車に乗って旭川駅に着いたことを述べています。toもforも方向を表しますが、toは「到達する」という意味を含むので、この文ではtoを使います。

She fell to the ground.
彼女は地面に倒れました。

② 「方向」だけを示すなら for

She took a train for Asahikawa.
彼女は旭川に向かう電車に乗りました。

②からは、女性が旭川行きの電車に乗ったことがわかりますが、彼女は終点の旭川ではなく途中の滝川駅で下車しました。この文では女性の到達点ではなく、彼女の乗った電車の行き先が問題とされています。「〜へ向かって」という電車が向かう方向を示すにはforを使います。

The bus left Tokyo for Nagoya.
バスは名古屋に向けて東京を出発しました。

方向 を表す前置詞
to と toward

Q. ( ) に入るのは to と toward、どっち？

① 単なる「方向」は toward

She is rushing toward somewhere.
彼女、どこかに向かって急いでいるよ。

①では、女性はどこかに「向かって」急いでいます。このように、単なる「方向」を表すときはtowardを使います。

 They are walking toward each other.
彼らはお互いのほうに向かって歩いています。

②「到達」の意を含む場合は to

She was rushing to this store.
彼女、この店に向かって急いでいたんだ。

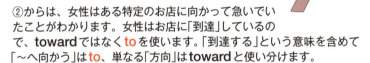

②からは、女性はある特定のお店に向かって急いでいたことがわかります。女性はお店に「到達」しているので、towardではなくtoを使います。「到達する」という意味を含めて「〜へ向かう」はto、単なる「方向」はtowardと使い分けます。

 The child ran to his father.
その子どもは父親のところへ走っていきました。

① 具体的な「乗り物に乗って」は on

She is on a bicycle.
彼女、自転車に乗っているよ。

①も②も自転車に乗っていることを表しています。①のイラストでは、「自転車に乗っている」状態を説明しています。乗り物に「接して」いるイメージから、onを使います。

 He wants to travel on a sleeper train.
彼は寝台列車で旅をしたいと思っています。

② 手段を伝える「自転車で」は by

She came by bicycle.
彼女、自転車で来たよ。

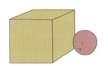

②の文は、1つの交通手段として「自転車」を説明しています。このように、手段や方法を表す場合は、aやan、theをつけずに＜by＋乗り物名＞で表します。

 In the U.S., many people commute by car.
アメリカでは多くの人々が車で通勤します。

第2章　使い分けを理解！

199

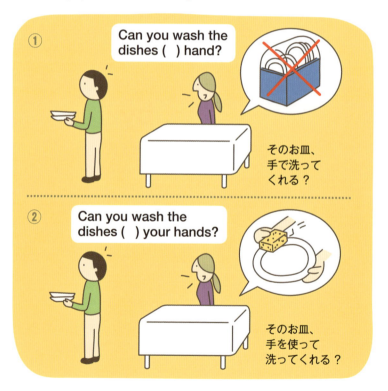

① 方法やシステムを「利用して」は by

Can you wash the dishes by hand?
そのお皿、手で洗ってくれる？

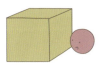

この文は、「(ほかの方法でなく)手で(洗う)」と
いう方法を表しています。遠いところにある目標を達成するために、
より「近く」にある手段を使う、というイメージです。byもwithも、
「〜を使って」という意味ですが、byは方法やシステムを「利用する」
ことを表すときに使います。

 Please send the request form by fax.
申請書をファックスで送ってください。

② 道具を「使って」は with

Can you wash the dishes with your hands?
そのお皿、手を使って洗ってくれる？

②では、女性は「手洗い」という方法ではなく、「手(という道具)を使って
洗う」様子を想像しています。このように、具体的な道具を「使って」と
いう意味を表すときは、「伴う」というイメージをもつwithを使います。

 Please fill in the form with a black pen.
黒いペンを使って、書類に記入してください。

受動態 で使われる前置詞
by と with

Q. ( ) に入るのは by と with、どっち？

①
The window was broken ( ) a stone.

石によって窓が割れました。

②
The window was broken ( ) a stone.

石で窓が割れました。

① 動作の「主体」を表す by

The window was broken by a stone.
石によって窓が割れました。

①では、石が「壊す」という動作をする「主体」に当たるので、by を使います。

 The copier is regularly checked by a technician.
コピー機は、技術者によって定期的に点検されます。

② 主体が使った「道具」を表す with

The window was broken with a stone.
石で窓が割れました。

この文では、「割る」という動作の主体は省略され、「(ある人によって)石を『使って』窓が割られた」ことが表されています。このように、「道具を使って〜された」と表すときは、＜with＋道具＞を使います。

 A big chunk of meat was cut with a knife.
大きな肉の塊がナイフで切られました。

関連(〜について)を表す前置詞
about と on

Q. ( ) に入るのは about と on、どっち？

① That's a book ( ) plants.

それは植物についての本よ。

② That's a book ( ) plants.

それは植物に関する本よ。

① ざっくりと話せる内容に「ついて」は about

That's a book about plants.
それは植物についての本よ。

①の本は、植物についてさまざまなことが書いてある本です。植物というテーマの「周辺」にある要素についての本なので、about を使っています。on も about も「〜について」という意味ですが、一般的な内容に「ついて」と言うときは about を使います。

 She wanted to tell me about her problems.
彼女は自分の問題について私に伝えたがっていました。

② 専門的なテーマに「ついて」は on

That's a book on plants.
それは植物に関する本よ。

②の本は、専門的な書籍です。植物という話題に、「ぴったりと接している」とイメージしましょう。on は、about よりも専門的な観点や内容について表すときに使います。

 The professor made a speech on international affairs.
教授は国際情勢に関するスピーチをしました。

第2章 使い分けを理解！

原材料 を表す前置詞
from と of

Q. ( ) に入るのは **from** と **of**、どっち？

① Coffee is made ( ) coffee beans.

コーヒーはコーヒー豆から作られています。

② This cup and saucer is made ( ) wood.

このカップとソーサーは木でできています。

① 一目見て原材料がわからないものは from

Coffee is made from coffee beans.
コーヒーはコーヒー豆から作られています。

コーヒーを一目見ただけでは、豆からできているということはわかりません。このように、一目見ただけではわからない原材料を表す場合はfromを使います。「原材料」を遠くにある「起点」ととらえ、その「起点から離れて」完成品が作られる、とイメージしましょう。

 She bought a dress made from silk.
彼女は絹から作られたドレスを購入しました。

② 一目見て原材料が何かわかるものは of

This cup and saucer is made of wood.
このカップとソーサーは木でできています。

このように、一目見て木製のものとわかる場合には、ofを使います。原材料が形状をとどめているものには、「はっきりさせる」役割をもつofを使って表します。

 His new briefcase is made of leather.
彼の新しい書類かばんは革製です。

勤務先を伝える for / at / in の違い

「どちらにお勤めですか」と勤務先をたずねられて、「青山デパートに勤めています」と答える場合、英語では I work for Aoyama Department Store.、I work at Aoyama Department Store.、I work in Aoyama Department Store. という3通りの答え方が可能です。違いは前置詞の for、at、in ですが、前置詞がもつ意味の違いによって、それぞれの文が伝える内容は微妙に異なります。

　for は対象や目標に「向かう」というイメージをもつため、I work for ～は「私は青山デパートのために働いている」、つまりそこに「雇われている」という雇用関係を意識した表現になります。また、会社名でなく、I work for Mr. Smith.「私はスミスさんのために（もとで）働いています」のように使うこともできます。

　それに対し、at は場所の一点を指す前置詞であることから、私が勤務しているのは「青山デパートというところ」という、場所や建物を意識した表現になります。同じく場所を表す前置詞 in を使うと、私の仕事場は「青山デパートの中に」あるという意味になります。この場合、雇用先が青山デパートであるのか、別の会社の社員であるが、仕事の関係で今は青山デパートの中で働いているのかははっきりしません。

付 録

動詞との組み合わせ

日常会話で使われる頻度の高い、基本的な動詞と前置詞との組み合わせがまとめられています。それぞれの組み合わせがどのような意味になるかを押さえ、例文で使い方を確認しましょう。

動詞 + at

arrive at
~に着く

Please call me when you arrive at the station.
駅に着いたら電話してください。

call at
~に立ち寄る

Can you call at the grocery store?
食料品店に立ち寄ってもらえますか。

glance at
~をちらっと見る

He glanced at his watch nervously.
彼はそわそわして時計をちらっと見ました。

laugh at
~を笑う

Everyone laughed at his jokes.
みんなが彼の冗談に笑いました。

stare at
~をじっと見つめる

She was staring at that sculpture.
彼女はその彫刻をじっと見つめていました。

動詞 + in

believe in
~の存在を信じる

My son believes in Santa Claus.
息子はサンタクロースの存在を信じています。

consist in
~にある

Happiness consists in contentment.
幸福は満足にあります。

fill in
~に記入する

Please fill in this application form.
この申込用紙に記入してください。

get in
~に乗る

Two girls got in his car.
女の子2人は彼の車に乗りました。

hand in
~を提出する

He handed in his resignation today.
彼は今日辞表を提出しました。

lie in
~にある

Hope lies in the future.
希望は未来にあります。

pull in
~を引きつける

The ad pulled in the crowds.
広告は大勢の人を引きつけました。

send in
~を送付する

I'll send in the registration form today.
今日登録用紙を送付するつもりです。

turn in
〜を返す

Did you turn in the library books?
図書館の本を返しましたか。

動詞 + on

call on
〜を訪問する

Let's call on Kate on the way home.
帰り道にケイトを訪ねましょう。

carry on
〜を続ける

I carried on a conversation with him.
私は彼と会話を続けました。

concentrate on
〜に集中する

She concentrated on her research.
彼女は研究に集中しました。

count on
〜をあてにする

Don't count on him.
彼をあてにしてはいけません。

depend on
〜次第である

Our plan depends on the weather.
私たちの計画はお天気次第です。

fall on
〜にあたる

Christmas falls on Sunday this year.
クリスマスは今年日曜日にあたります。

focus on
〜に集中する

Focus on your own problems.
自分の問題だけに集中しなさい。

get on
〜に乗る

Many schoolgirls got on the train.
多くの女子生徒が電車に乗りました。

insist on
〜を主張する

She insisted on her honesty.
彼女は自分は正直だと主張しました。

live on
〜を常食とする

She lives on vegetables.
彼女は菜食主義者です。

put on
〜を着る

Put on a warmer coat.
もっと暖かいコートを着なさい。

rely on
〜を信頼する

You can rely on what he says.
彼の言うことは信頼できます。

sleep on
〜を一晩寝て考える

Let me sleep on it.
そのことを一晩考えさせてください。

付録　動詞との組み合わせ

take on
～を引き受ける

I can't take on any more work.
これ以上の仕事は引き受けられません。

turn on
～をつける

Please turn on the TV.
テレビをつけてください。

wait on
～に給仕する

The head waiter waited on us.
ウェイターのチーフが給仕してくれました。

動詞 + from

benefit from
～から利益を得る

They're benefitting from the weak yen.
彼らは円安で利益を得ています。

come from
～の出身である

Where do you come from?
出身はどちらですか。

hear from
～から連絡をもらう

I haven't heard from him for months.
彼から何か月も連絡がありません。

make ～ from ...
～を…から作る

Sake is made from rice and water.
酒は米と水から作られます。

suffer from
～に苦しむ

She's suffering from back pain.
彼女は腰痛に苦しんでいます。

withdraw from
～から撤退する

We decided to withdraw from the project.
弊社はその企画から撤退することにしました。

動詞 + to

add to
～を増す

This book will add to her reputation.
この本で彼女の名声は高まるでしょう。

apply to
～にあてはまる

This rule doesn't apply to part-timers.
この規則は非正社員にはあてはまりません。

come to
～に達する

The total comes to 35 dollars.
合計は35ドルになります。

get to
～に着く

How can I get to the station?
駅にはどうやって行ったらよいですか。

hold to 〜を固く守る	She always holds to her promises. 彼女はいつも約束を守ります。
keep to 〜を離れない	Keep to the left. 左側通行をお願いします。
stick to 〜に固執する	You should stick to what you decided. 決めたことをやり抜くべきです。
take to 〜を好きになる	You'll take to this town soon. すぐにこの町が好きになるでしょう。
turn to 〜に頼る	He has no one to turn to for help. 彼には助けを求める人がいません。

動詞 + for

account for 〜を占める	Rent accounts for one-third of his salary. 家賃が彼の月給の3分の1を占めています。
aim for 〜を得ようとする	She is aiming for a high-income job. 彼女は高収入の仕事を得ようとしています。
apply for 〜に申し込む	Why did you apply for this job? あなたはなぜこの仕事に応募しましたか。
ask for 〜を求める	Did you ask for a wake-up call? モーニングコールをお願いしましたか。
care for 〜を好む	Would you care for some tea? 紅茶はいかがですか。
fight for 〜ために戦う	They are fighting for freedom. 彼らは自由のために戦っています。
go for 〜に出かける	Why don't we go for a drive? ドライブに出かけませんか。
head for 〜に向かって進む	He is heading for home now. 彼は今家に向かっているところです。
hope for 〜を望む	We're hoping for the best. 私たちは最善の結果を期待しています。

付録　動詞との組み合わせ

look for 〜を探す	I'm looking for my cell phone. ケータイを探しています。
pay for 〜の代金を支払う	I'll pay for dinner tonight. 今夜は私が夕食を払います。
prepare for 〜の用意をする	I need to prepare for my trip. 旅行の準備をしないといけません。
run for 〜に立候補する	My uncle will run for mayor. 私の叔父が市長に立候補します。
send for 〜を呼びにやる	We should send for a doctor. 医者を呼びにいったほうがいいです。
stand for 〜を表す	M on the map stands for the subway. 地図上のMは地下鉄を表しています。
vote for 〜に賛成の投票をする	The majority voted for the proposal. 過半数が提案に賛成の投票をしました。
wait for 〜を待つ	I'm waiting for a call from my client. 顧客からの電話を待っています。

動詞 + of

consist of 〜からなる	Breakfast consists of rice and *miso* soup. 朝食はごはんと味噌汁からなっています。
die of 〜で死ぬ	My aunt died of breast cancer. 私の叔母は乳がんで死にました。
dispose of 〜を処分する	I disposed of some household appliances. 私は家電をいくつか処分しました。
hear of 〜のことを耳にする	Have you heard of her? 彼女のことを聞いたことはありましたか。
know of 〜のことを知っている	Do you know of our office's relocation? 会社の移転の話は知っていますか。
make 〜 of ... 〜を…から作る	This cup is made of recycled paper. このカップは再生紙からできています。

think of
~について考える

What do you think of her idea?
彼女の考えについてどう思いますか。

動詞 + by

come by
~を手に入れる

How did you come by this painting?
この絵をどうやって手に入れましたか。

go by
~に基づいて行う

Don't go by what he says.
彼の言うことだけで判断してはいけません。

pass by
~のそばを通りすぎる

A group of foreigners passed by me.
外国人の団体が私のそばを通りすぎました。

stand by
~を援助する

I'll stand by you whatever happens.
何があっても私はあなたの味方です。

動詞 + with

agree with
~に賛成する

Everybody agreed with her opinion.
全員が彼女の意見に賛成しました。

cope with
~に対処する

Tell me how to cope with stress.
ストレスに対処する方法を教えてください。

deal with
~を処理する

He has to deal with lots of emails.
彼は多くのメールを処理しなければなりません。

do with
~をどうにかする

What will you do with that box?
その箱をどうするつもりですか。

go with
~と調和する

The tie goes with your shirt.
そのネクタイはあなたのシャツと合います。

meet with
~と約束して会う

I'll meet with my client tomorrow.
明日クライアントと会います。

part with
~を手放す

I parted with most of my books.
大部分の本を手放しました。

stay with
~のところに泊まる

Why don't you come stay with me?
私のところに泊まりに来ませんか。

付録　動詞との組み合わせ

215

work with
~と一緒に働く

We hope to work with you again.
再びご一緒に仕事をしたいと望んでいます。

動詞 + about

bring about
~をもたらす

Moving brought about a change in my life.
引っ越しは私の生活に変化をもたらしました。

care about
~を気にかける

She doesn't care about her appearance.
彼女は身なりを気にしません。

complain about
~について文句を言う

She is always complaining about her family.
彼女はいつも家族の文句を言っています。

go about
~に取りかかる

I don't know how to go about the job.
どこから仕事に手をつけていいかわかりません。

hear about
~について聞く

Did you hear about her marriage?
彼女の結婚について聞きましたか。

see about
~を手配する

Who will see about the tickets?
切符はだれが手配しますか。

set about
~に取りかかる

I set about the next project at once.
私はすぐに次の企画に取りかかりました。

talk about
~について話す

We always talk about anything.
私たちはいつもどんなことでも話します。

think about
~について考える

What do you think about her idea?
彼女の考えについてどう思いますか。

動詞 + after

look after
~を世話する

He'll look after my dog while I'm away.
留守の間、彼が犬を世話してくれます。

name ~ after ...
…にちなんで~を名づける

He was named after his grandfather.
彼は祖父の名をとって名づけられました。

take after
~に似ている

She takes after her mother.
彼女は母親似です。

run after
～を追いかける

She is running after the latest fashion.
彼女は最新の流行を追いかけています。

動詞 + across

come across
～に偶然会う

I came across my old friend yesterday.
昨日旧友に偶然出会いました。

cut across
～を横切って近道する

Let's cut across the park.
公園を横切って近道しましょう。

get across
～をわからせる

I had trouble getting across my thoughts.
自分の考えをわからせるのに苦労しました。

run across
～を偶然見つける

I ran across an old love letter I got.
昔もらったラブレターを偶然見つけました。

動詞 + through

break through
～を突き破る

The dog broke through the glass.
犬がガラスを突き破りました。

come through
～を通り抜ける

We came through a difficult situation.
私たちは難しい局面を切り抜けました。

get through
～を終える

I got through a pile of work.
山積みの仕事を終えました。

go through
～を検討する

We spent many hours going through the plan.
その企画の検討に何時間もかけました。

look through
～にざっと目を通す

Can you look through the document?
書類にざっと目を通してもらえますか。

pass through
～を通り抜ける

You can pass through the gate into the lake.
門を通り抜けて湖へ出られます。

see through
～を見抜く

We all saw through his excuses.
彼の言い訳にはみんな気づきました。

付録 動詞との組み合わせ

動詞 + around

get around
〜を説得する

Try to get around him with humor.
彼にはユーモアで説得してごらんなさい。

go around
〜の周りを回る

My dream is going around the world.
私の夢は世界一周です。

look around
〜を見て回る

I'll look around the town this afternoon.
今日の午後は町を見て回ります。

動詞 + toward

head toward
〜に向かって進む

They headed toward the lake.
彼らは湖に向かって進んでいました。

move toward
〜に向かって進む

They moved toward each other.
彼らはお互いのほうへと進みました。

動詞 + into

break into
〜に押し入る

Someone broke into our house.
だれかが私たちの家に押し入りました。

bump into
〜にぶつかる

I almost bumped into a tree while driving.
運転中あやうく木にぶつかりそうになりました。

burst into
突然〜し始める

She burst into tears.
彼女は突然泣き出しました。

come into
〜に入る

A tall building came into sight.
背の高いビルが視界に入りました。

cut into
〜に割りこむ

Don't cut into the line, please.
列に割り込まないでください。

enter into
〜を始める

We entered into discussions with them.
私たちは彼らとの議論を始めました。

fall into
〜になる

She fell into a doze.
彼女はうとうとしました。

get into
〜に入る

Dust got into my eye.
目にゴミが入りました。

go into
〜の中に入る

Don't go into my room while I'm away.
私がいないときは部屋に入らないで。

look into
〜を詳しく調べる

When will you look into the matter?
いつその件を調べてくれますか。

run into
〜にひょっこり出会う

Who do you think I ran into today?
今日だれに偶然会ったと思いますか。

turn into
〜に変わる

Our vacation turned into a nightmare.
私たちの休暇は悪夢に変わりました。

動詞 + out of

run out of
〜を使い果たす

I've run out of salt.
塩がなくなってしまいました。

動詞 + off

break off
〜を絶つ

She broke off her relationship with him.
彼女は彼との関係を絶ちました。

call off
〜を中止する

They decided to call off the game.
彼らは試合を中止することに決めました。

come off
〜から外れる

The lid won't come off the jar.
瓶のふたが外れません。

cut off
〜をやめる

They cut off economic aid.
彼らは経済援助を打ち切りました。

get off
〜から降りる

Many people got off the train at Shibuya.
大勢の人が渋谷で電車を降りました。

lay off
〜を解雇する

The company laid off 100 employees.
会社は100人の従業員を解雇しました。

pay off
〜を全部払う

It'll take years to pay off my loan.
ローンを全部払うまで何年もかかります。

付録 動詞との組み合わせ

pull off
～をうまくやり遂げる

She pulled off her presentation.
彼女はプレゼンをうまくやり遂げました。

put off
～を延期する

He has to put off his vacation.
彼は休暇を延期しなければなりません。

set off
～を作動させる

Set off the alarm in case of an emergency.
緊急時には警報器を作動させなさい。

take off
～を脱ぐ

Please take off your shoes at the entrance.
玄関で靴を脱いでください。

動詞 + over

come over
～を襲う

A wave of fear came over her.
恐怖が彼女を襲いました。

get over
～を乗り越える

She got over the loss of her love.
彼女は恋人の死を乗り越えました。

go over
～をチェックする

Do you have time to go over this report?
この報告書をチェックする時間はありますか。

hand over
～を手渡す

I handed over the car keys to him.
私は車のカギを彼に渡しました。

look over
～にざっと目を通す

Can you look over the itinerary?
旅程表にざっと目を通してもらえますか。

run over
～をひく

I almost ran over a cat.
あやうくネコをひきそうになりました。

take over
～を引き継ぐ

She took over the family business.
彼女は家業を引き継ぎました。

think over
～をよく考える

I'll think over what he said.
彼の言ったことをよく考えるつもりです。

turn over
～をひっくり返す

Don't turn over your exam papers.
試験問題をひっくり返してはいけません。

動詞 + against

fight against
～と戦う

They are fighting against poverty.
彼らは貧困と闘っています。

lean against
～にもたれる

Don't lean against the wall.
壁にもたれかかってはいけません。

vote against
～に反対票を投じる

He voted against the bill.
彼は法案に反対票を投じました。

動詞 + without

do without
～なしでやっていく

I can't do without a cell phone.
ケータイなしではやっていけません。

go without
～なしで済ます

I can go without food for a few days.
数日、食べ物なしで済ませられます。

動詞 + between

come between
～の間に来る

My name comes between Ida and Ito.
私の名前は井田と伊藤の間に来ます。

動詞＋副詞＋前置詞

catch up with
～に追いつく

I'll catch up with you soon.
すぐに君たちに追いつきます。

come up with
～を思いつく

I came up with a good idea.
いい考えを思いつきました。

do away with
～を廃止する

Let's do away with formalities.
堅いことは抜きにしましょう。

drop in on
～へ立ち寄る

She often drops in on me.
彼女はよく私のところに立ち寄ります。

get along with
～と仲良くやっていく

I can get along with anyone.
私はだれとでもうまくやっていけます。

付録　動詞との組み合わせ

221

get around to
〜にやっと手が回る

I finally got around to reading his email.
やっと彼のメールを読む時間ができました。

get down to
〜に本気で取りかかる

Let's get down to business.
本題に入りましょう。

give in to
〜に譲歩する

They never give in to each other.
彼らはお互いに決して譲歩しません。

go on with
〜を続ける

Please go on with your work.
仕事を続けてください。

go through with
〜をやり抜く

Did he go through with the divorce?
彼は離婚をやってのけたのですか。

keep up with
〜に遅れずについていく

I can't keep up with the class.
私はクラスについていけません。

live up to
〜に添う

Did the movie live up to your expectations?
映画は期待に添いましたか。

look down on
〜を見下す

I feel she looks down on me.
彼女は私を見下していると感じます。

look forward to
〜を楽しみに待つ

I'm looking forward to meeting you.
お会いするのを楽しみにしています。

look up to
〜を尊敬する

The child looks up to his father.
その子は父親を尊敬しています。

make up for
〜の埋め合わせをする

We have to make up for the delay.
遅れを取り戻さなければなりません。

put up with
〜をがまんする

I can't put up with his arrogance.
彼の傲慢な態度にがまんできません。

run away with
〜と逃げる

She ran away with him when she was 18.
彼女は18歳のときに彼と駆け落ちしました。

stand up for
〜を擁護する

You should stand up for what you believe.
自分が信じるものを守らなければなりません。

動詞＋名詞＋前置詞

catch sight of
〜を見つける

We caught sight of him in the crowd.
私たちは人混みに彼の姿を見つけました。

find fault with
〜を非難する

My boss always finds fault with me.
上司はいつも私を非難します。

get in touch with
〜と連絡をとる

He wants to get in touch with you.
彼はあなたと連絡をとりたがっています。

give way to
〜に譲歩する

They never give way to each other.
彼らはお互いに決して譲歩しません。

have words with
〜と口論する

I had words with her over trifles.
私はつまらないことで彼女と口論しました。

make fun of
〜をからかう

Don't make fun of others.
他人をからかってはいけません。

make room for
〜に場所を空ける

Can you make room for him?
彼の場所を空けてもらえますか。

make use of
〜を利用する

Make use of every opportunity.
あらゆる機会を利用するようにしなさい。

make way for
〜に道を譲る

I made way for a girl in a wheelchair.
車いすの女の子のために道を譲りました。

pay attention to
〜に注意する

She pays attention to details at work.
彼女は仕事で細かいところに気を配れます。

take advantage of
〜をうまく利用する

Take advantage of today's good weather.
今日のよい天気をうまく利用しなさい。

take care of
〜を世話する

Who is taking care of your garden?
だれが庭を世話していますか。

take part in
〜に参加する

Many people took part in the discussions.
多くの人が議論に参加しました。

付録　動詞との組み合わせ

執筆・編集／WIT HOUSE（堀岡三佐子、古郡あゆみ）
本文デザイン・本文イラスト／大野文彰
英文校閲／Suzy Hori
DTP ／榊デザインオフィス
校正／くすのき舎

_____

絵で見てイメージ！ 前置詞がスッキリわかる本

編　者　WIT HOUSE
発行者　永岡純一
発行所　株式会社永岡書店
　　　　〒176-8518　東京都練馬区豊玉上1-7-14
　　　　代表 03(3992)5155　編集 03(3992)7191
印　刷　ダイオープリンティング
製　本　ダイワビーツー

ISBN978-4-522-43356-0 C0082　②
落丁本・乱丁本はお取り替えいたします。
本書の無断複写・複製・転載を禁じます。